JOHN BEVERE

MULTIPLIQUE EL POTENCIAL QUE DIOS LE DIO

WHITAKER
HOUSE
Español

X: Multiplique el potencial que Dios le dio
(Edición abreviada)

©2023 por John Bevere
ISBN: 979-8-88769-019-3 • e-book ISBN: 979-8-88769-020-9
Impreso en Colombia.

Whitaker House • 1030 Hunt Valley Circle • New Kensington, PA 15068
www.whitakerhouseespanol.com

Por favor, envíe sugerencias sobre este libro a: comentarios@whitakerhouse.com.

1 2 3 4 5 6 7 8 9 10 11 **UU** 30 29 28 27 26 25 24 23

DEDICADO A LAS MAGNÍFICAS ESPOSAS DE NUESTROS HIJOS...

Lisa y yo los amamos profundamente, y cada una de ustedes muestra los hermosos rasgos enumerados abajo y aún más, pero estos son los que más sobresalen:

Julianna
Casada con Addison el 25 de octubre de 2009.
Eres encantadora y sabia.
Siempre serás mi primera hija.

Jessica
Casada con Austin el 24 de septiembre de 2018.
Eres amable y adorable.
El gozo llena la atmósfera dondequiera que vayas.

Christian
Casada con Arden el 18 de noviembre de 2018.
Estás llena de gracia y ternura de corazón.
Amas a nuestro hijo de una forma muy hermosa.

La futura señora de Alec Bevere
Mi corazón anhela conocer a nuestra futura hija.
Ya te amo profundamente.

Cada una de ustedes nos produce un gran gozo
a Lisa y a mí.
Gracias por multiplicar nuestra familia.

Nuestras hijas para siempre.

ÍNDICE

ACERCA DE ESTE LIBRO

A lo largo de estas páginas encontrará ideas y estrategias bíblicas que le empoderarán para descubrir su propósito, encender su pasión, y darse cuenta de cuál es su potencial. Con cada capítulo hay también preguntas de reflexión que le ayudarán a personalizar lo que está aprendiendo.

Si le gustaría aprender más sobre cómo multiplicar, he creado contenido extra, incluyendo lecciones en video, una guía de acompañamiento y otros recursos en el Internet que se pueden usar individualmente o en un entorno de grupo. Puede acceder a estos recursos, y a toda mi librería de recursos de discipulado, en www.MessengerX.com. Millones de personas han usado nuestros recursos, y nuestra meta es ponerlos a disposición de cada persona al margen de su ubicación, idioma o posición económica (algo sobre lo que aprenderá más en este libro). Dedique un minuto a mirar la página y a unirse a nuestra comunidad global de mensajeros.

Y si tiene alguna pregunta, por favor no dude en contactar conmigo y con mi equipo de Messenger International.

¡Mucho ánimo!
John

1

UNIR LOS PUNTOS

> El temor del Señor es la base de la sabiduría. La sabiduría
> multiplicará tus días y dará más años a tu vida. Si te haces
> sabio, serás tú quien se beneficie.
> —Proverbios 9:10-12

Corría el año 2012. Yo tenía previsto ser orador en la zona de Los Ángeles en unas reuniones de fin de semana de una iglesia. Mi patrón normal es volar el sábado en la tarde, ministrar el sábado en la noche y el domingo en la mañana, y regresar a casa el domingo en la tarde. Esta rutina estaba a punto de cambiar.

Uno de nuestros socios ministeriales, al que llamaré Stan, al saber que tenía programado estar en la zona de LA, me llamó y me preguntó si me gustaría jugar un partido de golf en el famoso Riviera Country Club. Con entusiasmo le respondí: "Por supuesto que sí, ¡me encantaría!".

Stan me recogió temprano el sábado en la mañana para el recorrido soñado. Para hacer que las cosas fueran aún mejores, uno de mis mejores amigos, Aaron Baddeley, acababa de ganar el LA Open el año anterior. Stan y yo pasamos un gran tiempo juntos; fue una mañana memorable, por decirlo con suavidad.

De camino de regreso a mi hotel en el centro de Los Ángeles, Stan me hizo una pregunta sincera: "John, ¿puedo preguntarte por un asunto con el que he estado batallando?".

"Claro".

De una forma vulnerable y muy sincera, me hizo esta pregunta: "John, he trabajado de forma incesante y diligente, empleando muchas horas para construir mis negocios durante las dos últimas décadas. Mi valor neto es aproximadamente de 9 millones de dólares. Todo va bien con mis clientes actuales. El resultado de años de duro trabajo es que mi esposa y mis hijos tienen la vida económicamente resuelta".

Entonces llegó esta pregunta: "Ahora que estoy entrando en la década de los cincuenta años, ¿por qué trabajar al mismo ritmo? ¿Por qué seguir afanándome por construir mis negocios hasta alcanzar los 35 millones de dólares durante los próximos diez años?".

El Espíritu Santo al instante me dio la sabiduría para saber responder. "Permíteme plantearte un escenario", le dije. "Supón que yo te dijera: 'Stan, he pasado años trabajando duro para escribir diecisiete libros que ahora están en más de ochenta idiomas con una cifra de ejemplares que oscila en múltiples millones. He volado más de diez millones de millas en los últimos veinticinco años, he luchado contra el jet lag, he experimentado diversas culturas y comidas extrañas, y me he quedado en diminutas habitaciones de hoteles, todo para poder ministrar el evangelio por todo el mundo. El ministerio va bien y las finanzas son estables; Lisa y mis hijos también tienen la vida resuelta. ¿Por qué debería continuar trabajando al mismo nivel?'".

Fue un escenario perfecto. Con una ligera sonrisita, él respondió: "No me gustaría estar en tus zapatos cuando un día estés delante de Jesús".

De inmediato le dije: "Stan, eso es exactamente lo que me dijiste con respecto a tus negocios".

La sonrisa desapareció de inmediato de su rostro. Apartó sus ojos de la carretera para mirarme con expresión de asombro. Con descrédito, me preguntó: "¿Cómo consigues eso?".

"Stan, Dios ha dado dones a cada uno de sus hijos. Esos dones son asignados divinamente para edificar su reino; sin embargo, somos administradores y por lo tanto podemos escoger, en cada momento, usar esos dones de una de tres maneras:

Podemos usar los dones para edificar el reino.

Podemos usar los dones para edificarnos a nosotros mismos.

Podemos ser negligentes con esos dones".

Tenía la atención de Stan, así que continué: "Algunos de mis dones obvios son escribir y hablar; tus dones están relacionados con los negocios y el dar. ¡Tú te reíste de mi escenario! Sin embargo, tu escenario es exactamente el mismo. Tus dones son tan importantes para edificar el reino como los míos. De hecho, los tuyos quizá son más importantes, ¡pero no has unido los puntos!".

Seguimos hablando al respecto. Por nuestra conversación, fue a la vez reconfortante y agradable ver el rápido cambio en los pensamientos y la actitud de Stan.

Seis meses después llamé a Stan para ponernos al día y ver cómo le iba. Fue otra conversación inolvidable.

"Hola, Stan, ¿cómo te va?".

"¿Quieres una respuesta sincera?". Su respuesta me agarró desprevenido.

"¡Sí, claro!".

"He estado turbado, en el buen sentido, por las palabras que me dijiste hace seis meses atrás".

"¿Qué estás haciendo al respecto?".

Con una carcajada, rápidamente me dijo: "Estoy rompiendo la parte de atrás para edificar mis negocios hasta los 35 millones de dólares para así edificar el reino".

"¡Me alegro por ti!".

Stan había entendido la realidad de que él no es un espectador en la tarea de avanzar el reino de Dios, sino un participante vital. Entendió la visión de que sus habilidades únicas son valiosas para lo eterno, no solo para lo temporal. Ahora entiende plenamente que tiene dones para un propósito mayor que él mismo y su familia. Estoy muy agradecido de que fuera abierto, sincero y humilde. Estos rasgos le abrieron para poder recibir la verdad que cambiaría su vida. Y debido a su testimonio, no solo su vida, sino también la de muchos otros.

Esa comprensión de Stan se ha convertido ahora en su motivación para multiplicar, y es ejemplo del propósito principal de este libro. Si cuestiona su propósito con pensamientos similares, estoy contento de que tenga este libro en sus manos. Espero sinceramente que también cambie su paradigma.

Como Stan, sea sincero consigo mismo; eso le ayudará a unir sus puntos. En esta postura de humildad descubrirá y creerá firmemente en multiplicar sus dones únicos para edificar el reino. Usted está tan llamado por Dios como su pastor o como yo.

Hablaremos sobre cómo descubrir, desarrollar y, lo más importante, multiplicar sus dones para mejorar su llamado específico. La Palabra de Dios y las historias contenidas en este libro edificarán su fe para aumentar en gran medida su eficacia.

NACIDO CON PROPÓSITO PARA UN PROPÓSITO

Comencemos examinando un pasaje de las Escrituras muy familiar:

> Porque por *gracia* sois salvos por medio de la fe; y esto no de vosotros, pues es *don de Dios*; no por obras, para que nadie se gloríe.　　　　　　　　　　　　　(Efesios 2:8-9, RVR 60)

El enfoque de estos dos versículos es la *gracia de Dios*. Somos salvos por gracia y esto es un don de Dios. Este versículo tan conocido ha sido uno de las principales referencias, si no la principal, para revelar esta verdad importante. Sin embargo, no se ha prestado atención a lo que viene después:

Porque somos hechura suya, creados en Cristo Jesús para buenas obras, las cuales Dios preparó de antemano para que *anduviésemos* en ellas. (Efesios 2:10, RVR 60)

Notemos que la siguiente palabra después del versículo 9 es *porque*. Esta palabra es una *conjunción*, la cual une las dos frases en una sola. En otras palabras, el comienzo del pensamiento no está completo aún. La palabra *porque* significa "por esto", así que el versículo 10 no se debería dejar fuera cuando citamos los versículos 8 y 9; de lo contrario no obtendremos el significado completo de lo que se quiere comunicar.

El versículo 10 afirma que somos obra de sus manos, creados para un propósito: producir buenas obras. Por lo tanto, en esencia, en estos tres versículos Pablo está diciendo: Somos salvos por gracia *para ser primero alguien*: un hijo de Dios; *y* somos empoderados igualmente por esa misma gracia *para hacer algo*.

Nunca podemos enfatizar demasiado una verdad descuidando otra verdad. Quienes somos en Cristo Jesús es clave para lo que hacemos, porque *todo lo que hagamos debería proceder de quiénes somos*.

Es fácil evitar el aspecto del "hacer algo", ya que nos exime de cualquier presión de trabajar para edificar el reino. La triste realidad, sin embargo, es que es nuestra labor lo que nos vigoriza. Si no hacemos la voluntad de Jesús, quien nos envía, nos debilitamos.

En más de cuarenta años caminando con Jesús, he observado que una de las principales causas de que las personas se aparten de la fe es una falta de "hacer". Se vuelven perezosos y vagos con respecto a su llamado, y sin darse cuenta se encuentran en una borrachera complaciente, en la inmoralidad, o entregados a intereses que les acercan más a la forma de vivir del mundo. Pierden su fortaleza espiritual. Este es el resumen: *Lo que hacemos nos fortalece.*

Entonces, permítame reafirmar la verdad de estos tres versículos: usted nació de nuevo mediante el don gratuito de la gracia para ser un hijo de Dios, y fue igualmente empoderado por esa misma gracia para hacer algo. La Biblia declara que Dios planeó cada una de nuestras obras de antemano. David escribe:

> Me viste antes de que naciera. Cada día de mi vida estaba registrado en tu libro. Cada momento fue diseñado antes de que un solo día pasara. (Salmos 139:16)

Dios diseñó cosas para que usted hiciera, antes de que naciera. En realidad, ¡Él escribió esas obras en un libro! Esas tareas que Él planeó para nosotros giran en torno a edificar su reino. Su deseo más profundo es que cumplamos sus planes para nuestra vida, pero no está garantizado que lo hagamos. Aquí es donde entra en juego nuestro libre albedrío. Él organizó de antemano nuestras obras, pero depende de nosotros andar en lo que Él planeó.

Estoy firmemente convencido de que cuando estemos delante de Jesús en el tribunal de Cristo (donde seremos recompensados por nuestra labor como cristianos o sufriremos pérdida por nuestra negligencia), Él abrirá ese libro y dirá: "Comparemos cómo viviste realmente según el plan original que mi Padre y yo teníamos en mente para ti". Con respecto a nuestro llamado específico, no seremos juzgados por lo que hicimos, sino por lo que fuimos llamados a hacer. Esto es aleccionador.

En este punto quizá sienta un poco de pánico. ¡No, por favor! Hay tres cosas importantes que destacar: primero, Dios está más apasionado que usted con respecto a que termine lo que le ha llamado a hacer, así que no le va a ocultar sus planes. ¡Él desea que conozca su llamado más que a usted mismo! Segundo, el proceso de crecer hasta la plenitud de su llamado es un viaje, así que luche contra la urgencia de caer en la impaciencia. Tercero, en este libro encontrará ideas tanto de la Biblia como de la experiencia para que pueda descubrir y desarrollar su llamado.

Supongamos que estoy proyectando una ciudad y deseo construir un espectacular complejo residencial, recreativo y de tiendas cerca del centro de la ciudad. Ser el planificador de la ciudad me convierte en el diseñador jefe, así que soy yo quien organizo el plan maestro con buenos promotores y arquitectos. Una vez terminado el diseño, decido qué contratistas necesitaré para lograr los distintos aspectos del plan maestro. Si todos los contratistas hacen exactamente lo que les pido, el proyecto masivo se construirá sin problemas e irá todo bien. Sin embargo, ¿qué ocurre si algunos de los contratistas no hacen de este proyecto una prioridad? ¿Y si aceptan la tarea, pero en el tiempo que les he dado para la construcción usan sus habilidades para trabajar en otros proyectos? ¿Qué ocurre si se van a pescar, a jugar al golf, y asisten a eventos deportivos de manera frecuente y descuidan su trabajo? ¿Y si otros son perezosos y no se toman su trabajo en serio? Si dependo totalmente de estos contratistas originales, el proyecto no se terminará a tiempo. De hecho, quizá nunca se termine.

La decisión la tienen los contratistas sobre qué hacer con su tiempo y talentos; sin embargo, como planificador de la ciudad, no me voy a conformar con grandes demoras o con la posibilidad de que el proyecto nunca se termine. Lo que haré será contratar a otros para que hagan el trabajo. ¿Cuál es el resultado? Los contratistas originales no reciben la recompensa de ser parte del equipo que edifique el bonito complejo.

Dios tiene un plan maestro para la edificación de su reino. Sin embargo, a lo largo de la historia, Dios ha tenido que trabajar con personas que no han cumplido sus deseos y, por lo tanto, frecuentemente ha tenido que ajustar su plan original. Por lo tanto, "cambiar" el plan no es algo que le tome por sorpresa. Él sabía de antemano lo que sus trabajadores escogerían. Él ya estaba preparado con sus reemplazos.

Aquí tiene algunos de los muchos ejemplos de esto en las Escrituras. Puede verlo con el padre de Abraham, Taré (nuestro hijo menor, Arden, recientemente me recordó esta verdad). La mayoría de nosotros sabemos que Abraham nació y creció en Ur de los caldeos antes de que Dios lo llamara a ir a la tierra de Canaán. El hecho menos conocido es que si analizamos de cerca a su padre, Taré, descubriremos que fue él a quien Dios llamó originalmente a hacer esto. Leemos:

Cierto día, Taré tomó a su hijo Abram, a su nuera Sarai (la esposa de su hijo Abram) y a su nieto Lot (el hijo de su hijo Harán) y salieron de Ur de los caldeos. Taré *se dirigía a la tierra de Canaán*, pero se detuvieron en Harán y *se establecieron allí*. Taré vivió doscientos cinco años y murió mientras aún estaba en Harán. (Génesis 11:31-32)

Hay dos cosas a considerar. En primer lugar, ¿por qué un hombre, sin razón alguna, desarraiga a su familia de Ur y viaja más de 900 kilómetros, de todos los lugares posibles, hacia la tierra de Canaán? El viaje en camello es lento y arduo. Con mujeres y niños, probablemente les tomó al menos varios meses.

En segundo lugar, si se dirigía a Canaán, ¿por qué se estableció en Harán? ¿Por qué no terminó su viaje hasta su destino? ¿Podría ser que fue tentado a no terminar? ¿Quizá se enfrentó a deseos que interfirieron, dificultades, un familiar que se cansó de viajar, o cualquier otra circunstancia que le distrajo? ¿Pudo ser que vio más oportunidades en Harán y no quiso arriesgarse a perderlas solo por hacer caso a una palabra de Dios?

Al considerar todo esto, ¿podríamos concluir que Taré era la primera opción de Dios para que fuera "el padre de muchas naciones"? ¿Se le asignó también originalmente ser el *padre de la fe*, un término ahora atribuido a Abraham (ver Romanos 4:16-17)?

Taré decidió no recorrer la distancia, y se estableció en Harán. Creo que, si se hubiera mantenido en su viaje, hoy leeríamos sobre sus aventuras y su pacto con Dios. Creo que Israel lo hubiera considerado como su padre y que Jesús habría sido conocido como "la simiente de Taré" en lugar de "la simiente de Abraham" (ver Gálatas 3:16, RVR 60).

Otro ejemplo de un cambio en el plan maestro de Dios es el juez y sacerdote principal Elí. A él y a sus descendientes se les asignó ser los sacerdotes que se acercarían a Dios por el pueblo. Sin embargo, un profeta enviado a Elí declaró:

Por lo tanto, el Señor, Dios de Israel, dice: prometí que los de tu rama de la tribu de Leví me servirían siempre como sacerdotes. Sin embargo, honraré a los que me honran y despreciaré a los que me menosprecian. Llegará el tiempo cuando pondré fin a tu familia para que ya no me sirva en el sacerdocio.

(1 Samuel 2:30-31)

La desobediencia de Elí afectó tanto a él como a sus descendientes. Si hubiera caminado honorablemente delante de Dios, el sacerdocio habría continuado con el clan de Elí.

Este es mi punto: a menudo nuestra infidelidad al llamado de Dios sobre nuestra vida no solo nos afecta a nosotros, sino también a nuestros descendientes. Con Taré no sucedió, pero fue así con muchos otros.

¡Qué triste, y qué trágico! Es aleccionador pensar en los lamentos que muchos tendrán por haber escogido no administrar de un modo digno el llamado o los dones que había en sus vidas.

Usted nació a propósito y con un propósito. Su vida tiene un gran valor para edificar lo eterno. No es la voluntad de un mero hombre o mujer, sino algo que Dios mismo determinó.

USTED DETERMINA SU EFICACIA

Esta es la asombrosa realidad: *cuán eficaz sea usted no depende de Dios, sino de usted.* Eso puede parecer irreverente si usted ha puesto todos los logros de su vida en la cesta de "la soberanía de Dios". Sin embargo, le aseguro que no es irreverente y que esta afirmación no le resta nada a la soberanía de Dios. Es un testimonio de su confianza en nosotros, y su deseo de que sus hijos e hijas ejerzan el libre albedrío que Él nos ha dado.

Volvamos a ver una parte de la Biblia que abrió este capítulo:

La sabiduría *multiplicará tus días* y dará más años a tu vida. Si te haces sabio, serás tú quien se beneficie. (Proverbios 9:11-12)

¡Esta verdad es muy alentadora y poderosa! ¿Qué significa *multiplicar tus días*? No puede referirse a alargar su vida; esto ya está cubierto por la frase "…y dará más años a tu vida". No puede significar otra cosa que aumentar su eficacia cada día. En otras palabras, sacará más del día que alguien que no tenga la sabiduría de Dios.

La sabiduría de Dios es muy importante. A todos se nos dice: "¡Adquirir sabiduría es lo más sabio que puedes hacer!" (Proverbios 4:7). Cuando realmente la creemos, damos nuestro tiempo y energía a la adquisición de sabiduría. Pero la gran verdad de Proverbios 9:11-12 es esta: una vez que obtiene sabiduría, ¡usted es *el primer beneficiado!*

La sabiduría de Dios sobre la que escribo en este libro me tomó años de buscar, indagar y escuchar, además de experiencias, tanto positivas como negativas. Solo espero que, en un breve espacio de tiempo, usted reciba lo que a mí me costó años conseguir, y que usted vaya mucho más lejos que yo con esta sabiduría. Es un asunto del reino; todos somos uno, así que, si usted se beneficia, yo me beneficio. Si usted va más lejos que yo, eso también me ayuda, porque somos uno. Todos estamos trabajando por un propósito común y para la gloria de un Rey.

UN SECRETO OCULTO

Pasemos al capítulo siguiente con esta pregunta: ¿estaría usted interesado en conocer un secreto oculto que la mayoría de la gente desconoce, que impulsará sus habilidades más allá de lo que ha experimentado jamás?

¡Creo que sí! Y esto es lo interesante: hay un secreto así. Es una verdad escondida que estamos a punto de destapar.

PARA REFLEXIONAR

1. Según Efesios 2:10, Dios planeó cosas para que usted las hiciera antes de que naciera. ¿Ha buscado conocer esos planes? ¿Qué le ha impedido descubrirlos?

2. Usted nació a propósito y con un propósito. A la luz de la historia de Stan, ¿cómo ve sus dones y habilidades? ¿Los ve como algo importante para edificar el reino de Dios? ¿O quizá usted, al igual que Stan, no ha sabido unir los puntos?

3. Hacer la voluntad de Dios nos fortalece. ¿Le está fortaleciendo lo que está haciendo con su vida? ¿Está apasionado con la obra que está haciendo? Si no, ¿por qué le falta satisfacción?

2

HABILIDADES IMPARTIDAS

*De manera que, teniendo diferentes dones,
según la gracia que nos es dada, si el de profecía, úsese
conforme a la medida de la fe.*
—Romanos 12:6 (RVR 60)

Tengo un amigo, Jim, que ha entrenado a un equipo de básquet femenino del instituto durante dieciocho años. En todo ese tiempo no fueron capaces de ganar el campeonato estatal. Año tras año, el equipo perdía en la final regional o, si llegaba al torneo estatal, los eliminaban en la primera ronda.

Jim compartía conmigo: "Estaba frustrado y listo para abandonar, pero en ese periodo de tiempo descubrí el poder de la gracia de Dios".

Jim tomó una decisión firme. Ya no entrenaría en sus propias fuerzas, como había hecho por dieciocho años, sino que confiaría totalmente en la *gracia de Dios*. Le preguntó al Señor qué hacer, y la respuesta de Dios fue: "Reestructura tus entrenamientos. En lugar de noventa minutos en la cancha, pasa cuarenta y cinco minutos en los vestuarios leyendo la Biblia, compartiendo y orando, y después pasa los últimos cuarenta y cinco minutos en la cancha".

Jim me dijo: "John, eso parecía contraproducente. Necesitábamos trabajar en las habilidades y en las jugadas; necesitaba cada uno de los noventa minutos para entrenar. Pero sabía que había escuchado a Dios".

Continuó con su historia: "Entonces les conté la nueva estrategia a las chicas. Ellas pensaron que era un poco religioso y les pareció una idea tonta. Algunas incluso se frustraron cuando lo oyeron por primera vez, pero después de compartir un poco más lo que había en mi corazón, lo aceptaron".

Con una sonrisa en su rostro, dijo: "Ese año ganamos el campeonato de básquet estatal por primera vez. Por si eso fuera poco, al año siguiente lo volvimos a ganar".

También me comentó sobre el segundo campeonato estatal: "Perdimos todas las bandejas en canasta en la final. Sn embargo, tras revisar las estadísticas nos dimos cuenta de que establecimos un récord en ese partido en tiros de tres puntos, que compensaron todas las bandejas falladas y nos dieron el marcador necesario para ganar".

EMPODERAMIENTO

La *gracia* bíblica no es solo el regalo de salvación de Dios, sino también su *empoderamiento* para nuestras vidas. Examinemos las palabras de Pablo, pero tengamos en mente que estas palabras son una cita exacta de la boca de Dios: *"Mi gracia* es todo lo que necesitas; *mi poder* actúa mejor en la *debilidad"* (2 Corintios 12:9).

Dios se refiere directamente a *su gracia* como su *empoderamiento*. La palabra *debilidad* en el versículo de arriba significa "incapacidad". El Señor le dice a Pablo, y también a usted y a mí: "Mi empoderamiento (gracia) se optimiza en situaciones que van más allá de tu habilidad natural".

Jim descubrió finalmente la sabiduría: *la gracia de Dios nos empodera para ir más allá de nuestra habilidad natural.* Jim ahora depende del empoderamiento (gracia) de Dios para ir más allá de su propia habilidad, y llevó esta sabiduría a todas las áreas de su vida.

Regresemos a nuestra misión individual. Dios mismo preparó su tarea incluso antes de que usted naciera. Este llamado artesanal es lo que le dará verdadera satisfacción; ¡ningún otro trabajo o juego lo hará! Es su propósito, y es extraordinario en magnitud. Su destino, el cual Dios preparó para usted, ¡sobrepasa sus habilidades naturales!

Es totalmente imposible que nosotros cumplamos nuestra tarea divina en nuestra propia habilidad. ¿Cómo sé que esto es cierto? Porque Dios declara con firmeza que *no compartirá su gloria con nadie* (ver Isaías 48:11, RVR 60). Dios hizo su llamado intencionalmente para que estuviera más allá de su habilidad natural, ¡a fin de que tuviera que depender de su *gracia* para cumplirlo!

HABILIDADES ESPECÍFICAS

Del mismo modo que la gracia nos empodera para vivir por encima de nuestra habilidad natural, ¿hay capacidades únicas que recibimos de Dios para equiparnos y lograr nuestra misión específica?

Permítame contestar con varios ejemplos. Roger Federer nunca habría podido llegar a ser uno de los mejores jugadores de tenis del mundo si no hubiera tenido acceso a una raqueta y pelotas de tenis. El carpintero artesano más fino de la ciudad nunca habría llegado a serlo si no tuviera herramientas. Nunca habríamos sabido quién es Miguel Ángel si él nunca hubiera tenido acceso a un cincel, un pincel o pintura. ¿Ocurre lo mismo con nuestros llamados divinos?

Dos historias rápidas nos servirán para aclararlo. Cuando comencé por primera vez en el ministerio, conocí a un líder de alabanza y adoración excepcional. Frecuentaba nuestra iglesia en la década de 1980, y a menudo yo me quedaba asombrado viéndolo y escuchándolo, ¡tenía mucho talento! En cuestión de minutos podía motivar a tres mil quinientas personas a ponerse de pie, cantar y danzar. Cuando alababa a Dios, toda la atmósfera cambiaba; estaba cargada de la presencia de Dios.

Las últimas veces que vino a ministrar, tuve el privilegio de hospedarlo. Al pasar tiempo juntos, le hacía preguntas porque quería conocer sobre las habilidades que Dios le había dado. Descubrí que su mamá, una mujer buena y piadosa, oraba muchas horas al día. Me dijo: "John, cuando yo estaba en el vientre de mi madre, un hombre (su mamá creía que fue un ángel) llegó a la casa un día. Ese hombre, a quien mi mamá no había visto nunca antes, dijo: 'Su hijo llevará a multitudes a la presencia de Dios y tocará hábilmente el piano a una temprana edad'".

Cuando tenía unos dos años, un día se sentó al piano de sus padres y comenzó a tocar perfectamente, sin una lección previa ni haber tocado antes. No era una canción facilona, sino una pieza compleja que solo un estudiante de piano experimentado podía tocar. Y, por supuesto, lo hizo sin una partitura.

A partir de ese día tocó hábilmente, sin leer jamás ni una sola nota musical; tocaba todas las canciones de oído. Tenía la habilidad de oír una canción y tocarla en cuestión de segundos.

Su ministerio comenzó cuando era un niño que tocaba en las reuniones de la iglesia de su ciudad. Finalmente, su don le abrió la puerta para tocar para un famoso evangelista.

Es obvio que tenía un don: una habilidad divina.

Otra persona muy reconocida con un don es Akiane Kramarik, quien sin recibir lecciones de arte comenzó a dibujar excepcionalmente a los cuatro años. A los seis, pasó a pintar objetos complejos, así como sus visiones únicas. A los ocho años de edad pintó el ahora famoso *Príncipe de paz*, un retrato que tengo detrás de mi escritorio. Es obvio que ella tiene un don: una habilidad divina.

La pregunta que deberíamos hacernos es: ¿reciben dones algunos, muchos, o incluso todos los hijos de Dios?

Dios, en su *gracia*, nos ha dado *dones* diferentes para hacer bien determinadas cosas. (Romanos 12:6)

En este versículo de la Biblia vemos dos palabras muy importantes, pero distintas. Ya hemos hablado de la primera: *gracia* es la palabra griega *charis*. Añadamos *ma* a *charis* y tendremos otra palabra griega: *carisma*; es la palabra para *dones* en el versículo antes mencionado y será nuestro enfoque.

En los años de estudiar diccionarios de griego y examinar el contexto de cómo se usa *carisma* en el Nuevo Testamento, he creado una definición:

Carisma: Un otorgamiento específico de gracia que empodera a un individuo con una habilidad especial.

Esta habilidad es una capacidad divina que Dios entrega a un individuo, y siempre supera la habilidad natural prevaleciente. Algunos dones son claramente sobrenaturales. Por otro lado, otros parecen habilidades humanas naturales, pero en realidad son extraordinarias. Algunos dones se dieron al nacer, y otros se dan en un momento específico por la Palabra del Señor.

CARISMA PARA ESCRIBIR

Un *carisma* en mi vida es escribir. El inglés, la escritura creativa y la lengua extranjera eran mis peores asignaturas en la escuela. Cuando nuestra clase recibía una tarea de escritura de solamente una página o dos, yo tardaba horas en hacer lo que debería ser una tarea rápida. Recuerdo ocasiones en las que había escrito durante una hora y aún no tenía hechos los dos primeros párrafos.

Si duda de mi valoración personal, permítame darle mi resultado del SAT, un examen exigido para poder entrar a muchas universidades. Cuando yo hice ese examen, había dos áreas principales que estaban cubiertas: *matemáticas* y *verbal*. Lo máximo que se podía conseguir eran 800 puntos. Mi resultado en la parte *verbal* fue de 370. Fue un enorme 42 por ciento, y eso es una F de suspenso en la mayoría de las curvas de calificación.

Cuando tenía treinta años, una mañana de verano, en 1991, mientras estaba orando en un lugar remoto y desierto, Dios me habló: "Hijo, quiero que escribas".

Yo me reí por dentro: "Dios, debes tener tantos hijos e hijas en esta tierra que me has confundido con otro. Seguro que no quieres que yo escriba; pregúntales a mis maestros de inglés de la secundaria".

No hubo respuesta. Solo silencio.

Tomé su silencio como que estaba de acuerdo. Me convencí de que había salido victorioso porque no tuve una contestación de Él. Pero en mi corazón sabía que había algo más.

Diez meses después, dos mujeres diferentes de dos estados distintos se acercaron a mí, con dos semanas de intervalo entre ellas, y me dijeron exactamente las mismas palabras: "John Bevere, si no escribes lo que Dios te está dando para escribir, Él dará los mensajes a otra personas, y un día tendrás que dar cuentas de ello".

Cuando la segunda mujer, de Texas, me dijo las mismas palabras que la primera mujer de Florida me había dicho, el temor santo de Dios vino sobre mí, y actué. Era el año 1992 y no había iPads, solo pluma y papel, así que tomé una hoja de papel de un cuaderno y escribí en letras negritas en la parte superior: *CONTRATO*. Después escribí:

Padre, no sé escribir. Así que, para obedecerte, ¡necesito gracia! Si escribo, entonces mi petición es que cada palabra sea inspirada por tu Espíritu y que esté inundada de tu unción. Te pido que cambie a hombres, mujeres, niños, iglesias, ciudades y naciones. Prometo de antemano darte a ti todo honor, alabanza, gloria y agradecimiento. Sello este contrato (pacto) contigo en el poderoso nombre de Jesús.

Tu hijo y siervo, John Bevere

Casi treinta años después, he escrito más de veinte libros y su número de ejemplares es de decenas de millones. Muchos de ellos han estado en varias listas de éxitos de ventas en los mercados general y cristiano, tanto nacional como internacionalmente. Los libros están en más de cien idiomas por todo el mundo, y en varias naciones son los libros más publicados tanto en la categoría secular como en la cristiana.

Casi en cada libro no he *oído, leído o pensado* entre el veinte o el treinta por ciento del contenido escrito. Me llegó mientras escribía en el teclado. Recuerdo estar en mi oficina de casa o en la habitación de un hotel y quedar abrumado por lo que estaba tecleando. Algunas de esas veces he saltado gritando: "Vaya, ¡esto es muy bueno!".

Usted se preguntará: ¿Cómo pudiste decir eso? Es digno de orgullo. A eso respondo que sé de dónde llegó ese contenido, y no fue *de mí*. Creo plenamente que mi nombre está en esos libros ¡porque yo fui la primera persona fuera del cielo que pude leerlos! Sé que las palabras vinieron del Espíritu Santo. Creo personalmente que cuando Dios me habló en oración aquella mañana de verano, el *carisma* para escribir fue *liberado* en mi vida. Pero no fue hasta que tomé la decisión de obedecer a Dios cuando se *activó* en mi vida.

Algunos argumentarían que el don fue dado en el momento en que nací de nuevo en 1979. No intenté escribir nada entre 1979 y 1992, cuando redacté el contrato. Una cosa sí puedo decir con seguridad:

yo no nací con este don como el pianista que describí antes en este capítulo. Esto resuelve el punto principal de que algunos dones se reciben desde la concepción.

Sabemos por las Escrituras que Juan el Bautista fue lleno del Espíritu de Dios (que da dones) desde el vientre de su madre, porque reconoció al Cristo vivo en el vientre de María cuando aún estaba en el vientre de Elisabet (ver Lucas 1:41). Por otro lado, Saúl, hijo de Cis, no comenzó su vida profetizando. Eso no sucedió hasta que fue un joven y Samuel lo ungió con aceite para ser el primer rey de Israel.

Al mirar estos dos testimonios distintos de las Escrituras, vemos claramente que algunos dones se dan desde el vientre de la madre y otros se dan después.

CARISMA PARA HABLAR

Otro *carisma* en mi vida es hablar en público. Compartir sobre este don fortalecerá nuestro entendimiento.

La primera vez que mi esposa Lisa me oyó declarar la Palabra de Dios en una reunión fue memorable. Para decirlo suave, fue un fracaso colosal, y no estoy exagerando. Se quedó dormida profundamente en los cinco primeros minutos de mi mensaje y siguió dando cabezadas todo el tiempo que duró. Fue un mensaje aburrido. Sinceramente, yo era un comunicador público patético.

En ese entonces servía en mi iglesia local como ayudante de mi pastor y su esposa. Mi función era ocuparme de las necesidades de la familia pastoral y todos los ministros invitados que llegaban a nuestra iglesia.

A la vez, estaba intentando comenzar mi propio ministerio porque Dios me había mostrado que proclamaría su Palabra a las naciones del mundo. Usaba todo mi tiempo libre y energías para producir, empaquetar y vender mis mensajes. Mi error, entonces: estaba haciéndolo en mis propias fuerzas.

Estaba dando a luz a un "ministerio Ismael". Hay un paralelismo en las Escrituras. Dios habló a Abram (Abraham) a los setenta y cinco años de edad diciéndole que sería el padre de un hijo prometido y que a través de él se convertiría en el padre de muchas naciones. Diez años después de hacerle esta promesa, aún no había llegado el bebé y él ya tenía ochenta y cinco años. Así que Abraham y su esposa Saraí trazaron un plan para "ayudar" a Dios a que se cumpliera lo que Él había prometido. De este vano esfuerzo humano nació Ismael. Por eso identifico este tipo de esfuerzo como un ministerio Ismael.

La historia empeora. Durante esa época mi héroe era un gran evangelista: T. L. Osborn. Quería parecerme a él en mi predicación. Escuchaba sus mensajes durante horas, aprendiendo su tono de voz, inflexiones, enseñanzas, frases poderosas, e incluso su humor. Yo no era tan solo un predicador original aburrido, sino también una copia mala de otro.

Después de fracasar una y otra vez en mis esfuerzos personales, finalmente me quebré; pero entonces se produjo un cambio asombroso. De nuevo comencé a disfrutar de mi actual posición de servicio. Ahora dedicaba mi tiempo libre a mi matrimonio y mis amigos. Cuando llegué a este lugar de paz y serenidad, el ascenso de Dios llegó en cuestión de meses. Me pidieron que fuera el pastor de jóvenes de una de las iglesias de mayor crecimiento en los Estados Unidos.

Nunca olvidaré el primer domingo. La reunión iba viento en popa. Habíamos tenido un tiempo excelente de alabanza y adoración. Una de las primeras cosas que hizo nuestro pastor cuando subió a la plataforma fue informar a la iglesia del nuevo pastor de jóvenes: yo. Después, para mi propia sorpresa, me pidió que subiera y diera unas palabras a la multitud del domingo por la mañana durante un par de minutos.

Sin yo saberlo, en ese momento a mi esposa le entró el pánico. Me habían pedido dirigirme a dos mil ochocientas personas. Lisa temía el resultado, ya que, debido a experiencias pasadas, sabía lo que venía. Una vez en la plataforma, nuestro pastor principal me entregó el micrófono.

En sesenta segundos, toda la iglesia estaba de pie aclamando, aplaudiendo y gritando de emoción por lo que yo estaba diciendo. Hablé durante cuatro o cinco minutos, con las casi tres mil personas puestas en pie durante todo el tiempo. Después le entregué el micrófono de nuevo a mi pastor y regresé a mi asiento. Mi esposa estaba perpleja, sin creer lo que acababa de ocurrir.

Desde aquella vez, he estado predicando, enseñando y hablando delante de audiencias y la mayoría de las veces lo he hecho con facilidad. Ya no es difícil hacerlo. Los distintos resultados entre los tiempos de Ismael e Isaac fueron tan vastos como la noche y el día.

Ocho o diez años después de aquel primer domingo en Florida, Messenger International estaba bien establecido. En las últimas tres décadas el don de hablar ha operado poderosamente, produciendo un fruto abundante. En innumerables incidentes he sido testigo de cambios de atmósfera, erupciones de alabanza y revelaciones, incontables vidas salvadas, y la manifestación de numerosos milagros. Muchos han comentado que sus vidas o iglesias han cambiado permanentemente. En todos estos años no me he olvidado de lo horrible que yo era sin el *carisma* de Dios.

¿TIENE USTED UN DON?

¿Reciben dones algunos, muchos o todos los hijos de Dios? ¡La respuesta inmediata es sí! Y demostraré esto con la Escritura. Antes de que termine este libro, tendrá un firme entendimiento de cómo encontrar su *carisma*, desarrollarlo y operar en él, y así multiplicará su eficacia para edificar el reino de Dios.

PARA REFLEXIONAR

1. La gracia bíblica no es solo el don de salvación de Dios, sino también su empoderamiento para nuestra vida. ¿Cómo ha visto usted la gracia de Dios? Tras leer este capítulo, ¿cómo ha cambiado su entendimiento de la gracia?

2. Su destino, el cual Dios preparó para usted, está por encima de su habilidad natural. ¿Por qué diseñó Dios esto así? ¿Cómo puede acceder a la gracia de Dios que empodera y que está disponible para usted en abundancia?

3. ¿Reciben dones algunos, muchos, todos los hijos de Dios? ¿Qué dones y habilidades ha recibido usted? ¿Cómo considera estos dones beneficiosos para otros?

3

EVALÚESE SINCERAMENTE

Sean realistas al evaluarse a ustedes mismos.
—Romanos 12:3

Ahora que he compartido el esfuerzo de tener que identificar y caminar en el *carisma* en mi vida, quiero compartir brevemente para lo que *no* tengo dones.

Lo primero en la lista es cantar y tocar instrumentos musicales. Siempre que canto en casa, mi esposa y mis hijos, de manera educada pero firme, me piden que cante para mí.

Mis padres nos apuntaron a todos sus hijos Bevere a clases de piano. Mi maestra era una pianista profesional, pero después de cuatro años duros de darme lecciones, se acercó a mis padres y les rogó que me permitieran dejarlo. ¡Era así de malo!

Unos años después lo intenté con otro instrumento. Después de comprar una guitarra clásica, encontramos a un maestro muy conocido. Era paciente y trabajaba meticulosamente conmigo. Fue otro año y medio de lecciones hasta que tuve que admitir que no tenía habilidad musical.

¿Cuál fue el resultado a largo plazo? En ningún momento de mi vida se ha manifestado repentinamente ninguna habilidad musical.

AUTOEVALUACIÓN

Es seguro decir que todos tendemos a saber las cosas que no hacemos bien. A veces desearía que fuera tan fácil identificar nuestros dones como lo es señalar para lo que no tenemos un don.

Con eso en mente, avancemos para ver más instrucciones de Pablo:

> Basado en el privilegio y la autoridad que Dios me ha dado, le *advierto* a cada uno de ustedes lo siguiente: ninguno se crea mejor de lo que realmente es. Sean realistas al evaluarse a ustedes mismos, háganlo según la medida de fe que Dios les haya dado. Así como nuestro cuerpo tiene muchas partes y cada parte tiene una función específica, el cuerpo de Cristo también. Nosotros somos las diversas partes de un solo cuerpo y nos pertenecemos unos a otros. Dios, en su gracia, nos ha dado dones diferentes para hacer bien determinadas cosas. (Romanos 12:3-6)

Pablo comienza posicionando lo que está a punto de escribir como una *advertencia*. Aquí se nos dice que hagamos una autoevaluación sincera. ¿De qué? De los dones que Dios ha puesto en nuestra vida en *tiempo real*.

¿Por qué uso las palabras en *tiempo real*? Piense en este ejemplo bíblico. La evaluación sincera de Saúl antes de encontrarse con Samuel habría sido: "Yo no puedo profetizar". Sin embargo, cuando se encontró con Samuel y el don de Dios vino sobre su vida, su evaluación sincera también tuvo que cambiar a: "Yo puedo profetizar".

La siguiente pregunta importante es: ¿por qué valoramos los "dones de plataforma"? ¿Por qué vemos a los ministros que hablan y a los líderes de alabanza que dirigen congregaciones como si tuvieran los dones más sublimes? Son las partes "visibles" y necesarias, pero según la Palabra de Dios, no son las más importantes.

¿Cuál ha sido el típico mensaje subyacente en la iglesia? "Los que están en la plataforma son los escogidos que realmente tienen un llamado en su vida". Si alguien dice: "Él o ella tiene un llamado en su vida", todo el mundo supone de inmediato que es el llamado de pastor, líder de alabanza, líder de jóvenes, escritor cristiano, misionero, y cosas así. ¡Esto tiene que cambiar! Todos somos llamados y tenemos los dones únicos necesarios para cumplir con nuestra tarea del reino. Somos la Iglesia y estamos equipados con dones para edificar el reino dondequiera que estemos, ¡las 24 horas del día, 7 días por semana, 365 días al año!

Recientemente conocí a un multimillonario. Estaba realizando lo que él llamaba su "gira de Dios". Él y su equipo habían volado a varias ciudades para asistir a iglesias y conferencias para reunirse con ciertos ministros. Su meta: quería que el ministerio quíntuple le afilara y equipara más para su trabajo.

Me dijo que había tenido problemas económicos en el mundo de los negocios al principio de su carrera, pero llegó el día en que sus ojos fueron abiertos. La iluminación comenzó cuando se preguntó por qué la actividad del reino solo se produce en la iglesia o en entornos de conferencias, ¿por qué no en todos los lugares? Él sabía que estaba llamado al mundo de los negocios, pero ¿por qué se comportaba en ese campo de una forma que no difería en nada de los incrédulos?

Decidió que "caminaría con Dios" en los negocios y escucharía la voz del Espíritu Santo, sin diferencia alguna a como un ministro haría sobre una plataforma. En esencia, enfrentó la pregunta del llamado y decidió que estaba tan llamado por Dios como cualquier pastor. Después identificó los dones que Dios le había dado y decidió operar a propósito en ellos. Escuchaba la voz de Dios en sus tiempos de quietud, así como en las reuniones de negocios. Y en efecto, Dios le dio palabras de conocimiento y sabiduría para sus asuntos empresariales.

DISCÍPULOS DE NACIONES

Si conseguimos dar la vuelta a esta mentalidad cultural sobre los dones en la Iglesia actual, ¿cuál será el resultado? Si comunicáramos eficazmente a todos los que escuchan nuestros mensajes que cada persona está *llamada, tiene un don* y *es valiosa* para la edificación del reino, ¿qué sucedería?

Este es el paradigma que debemos tener para que las naciones sean discipuladas. Jesús no dice: "Hagan discípulos de asistentes de iglesias". Él nos manda "hacer discípulos de *naciones*" (ver Mateo 28:19). La palabra griega para "naciones" es *ethnos*, que está definida como "un cuerpo de personas unidas por parentesco, cultura y tradiciones comunes".[1] Tenemos que hacer discípulos de los hombres y las mujeres en todos los distintos círculos de vida.

Nuestros dones no son solo para la congregación de los santos en un edificio, aunque esto es válido e importante, y de ningún modo quiero menospreciar nuestras reuniones. La intención aquí es ampliar nuestra visión de la operación de los dones de Dios. Si somos llamados fuera de la iglesia, lo cual se aplica a la mayoría de

1. Arndt, William, Frederick W. Danker, y Walter Bauer. *A Greek – English Lexicon of the New Testament and Other Early Christian Literature*. Chicago: University of Chicago Press, 2000.

nosotros, somos llamados a operar sobrenaturalmente a través de nuestros dones dentro de nuestro círculo de influencia, en medio de nuestro grupo *ethnos*.

Si usted ha separado lo secular de lo sagrado, esa mentalidad tiene que cambiar. Cuando usted entra en una sala, al margen de cuál sea, ha recibido un don para llevar lo sagrado a esa atmósfera y discipularla en el nombre del Padre, del Hijo y del Espíritu Santo. Tiene su respaldo y autoridad para traer el cielo a la tierra. Usted ha sido llamado a multiplicar el modo de operación del reino en su ámbito de influencia.

PARA REFLEXIONAR

1. La Biblia nos advierte que seamos sinceros en la evaluación de nosotros mismos. Esta evaluación deberíamos hacerla en *tiempo real*. Compartí la historia de cuando intenté empezar un ministerio antes de tiempo. ¿Cómo puede usted evitar cometer el mismo error? ¿Para qué tiene un don en este momento de su vida?

2. Bendita y dichosa la persona que conoce sus dones y opera en ellos. Miserable y estresada la persona que intenta operar en los dones de otro. ¿Alguna vez se ha visto tentado a perseguir un área de dones que es distinta a su llamado? Si es así, ¿por qué?

3. Nuestros dones no son solo para las reuniones de santos en un edificio, sino también para nuestras áreas concretas de influencia. ¿Cómo puede considerar su vida cotidiana vital para edificar el reino de Dios? ¿De qué maneras puede usar sus dones vocacionales para los propósitos del reino?

4

ADMINISTRADORES

Así, pues, téngannos los hombres por servidores de Cristo,
y administradores de los misterios de Dios.
—1 Corintios 4:1, RVR 60

Hemos exhibido las palabras *gracia* y *don*; ahora llevaremos nuestro enfoque hacia *administración*. Tras establecer una comprensión de esta palabra, podemos unir las tres palabras de la Escritura para descubrir un claro mandato para nuestras vidas.

El diccionario Merriam-Webster define administración como "el manejo cuidadoso y responsable de algo que se ha confiado al cuidado de alguien". Hay tres aspectos claros de la administración:

- ✦ Supervisa lo que le pertenece a otro.
- ✦ Tiene autoridad para gestionar lo que se le ha confiado.
- ✦ Es responsable: él o ella dará cuentas al dueño.

¡Dios creó todo y lo posee todo! Salmos 24:1 declara: "De Jehová *es* la tierra y su plenitud" (RVR 60). Esto nos hace mayordomos o administradores sobre todo lo que hay en este ámbito. Somos responsables de cuidar el bien de los seres humanos espiritual, emocional, intelectual y físicamente. Somos responsables de todo lo que hay en la tierra, visible e invisible.

Pablo escribe sobre ser "administradores de los misterios de Dios". La *Nueva Traducción Viviente* dice que "se nos *encargó* la tarea de explicar los misterios de Dios." La *administración* exacta a la que se refiere no es la administración de dinero, tiempo o recursos, sino más bien administrar el don (*carisma*) en su vida.

Usted tiene un don o dones, y para reiterar, estos dones son otorgamientos específicos de gracia que le empoderan con habilidades especiales.

Pablo sabía que Dios le había confiado algo de gran valor. Si él no lo administraba adecuadamente, otros no experimentarían el beneficio, e incluso sufrirían la pérdida de lo que Dios quería que ellos recibieran. Pablo sabía que el don no se dio para él; se dio *para* otros *a través* de él.

Dios ha escogido los dones que no son obvios para tenerlos en mayor honor que los que son claros y evidentes. Si Pablo trató su don notorio con tanta seriedad, nosotros no deberíamos devaluar el don que Dios ha puesto sobre nosotros, especialmente si no es notorio.

Más importante aún es la segunda moraleja: los dones de Dios en su vida no son para usted; son *para* que otros se beneficien *a través* de usted. El don de escribir no es para mí, sino para usted. El don de hablar no es para mí, sino para aquellos a los que me dirijo. El don de liderar no es para mí, sino para aquellos a los que lidero, y así con todo.

NOSOTROS DECIDIMOS CÓMO USAR EL DON

Podemos usar bien el don que hay en nuestra vida, o usarlo mal; la decisión es nuestra. El don seguirá operando, aunque no se use según su intención original divina para edificar el reino. Pero la sabiduría demuestra estar en lo cierto por medio de sus *resultados*.

Usted y yo tendremos que dar cuentas de los dones que nos entregaron cuando estemos delante del Juez. Nuestros dones se verán con la perspectiva eterna, no con la perspectiva de ochenta años. Nuestros dones serán examinados a la luz de la Palabra eterna de Dios, que nos comisiona para edificar su reino. ¿Perdurará nuestro legado o morirá con el sistema del mundo?

UNA MIRADA DE CERCA A LA MOTIVACIÓN

Usted puede administrar su don en cualquier momento de una de estas tres maneras:

+ Puede usarlo para edificar el reino.
+ Puede usarlo para su propio beneficio.
+ Puede descuidarlo al no usarlo en absoluto.

Es importante ampliar el segundo punto, que puede ser engañoso. Hay muchos que piensan que están edificando a otros, incluso por causa del reino y, sin embargo, se hace con el motivo de la ganancia personal.

¿Podemos usar mal el don de Dios en nuestra vida de una forma similar? Podría parecer a otras personas que estamos usando nuestro don para edificar el reino, pero en realidad, ¿lo estamos usando con motivos egoístas? Ciertamente, la respuesta puede ser sí.

Tenía programado ministrar en una conferencia en el Medio Oeste. Cuando me desperté en la habitación del hotel el día que estaba programado que hablara, sin duda alguna escuché al Espíritu

Santo decir: "Quiero que ministres sobre *La trampa de Satanás* en la conferencia de esta noche.

Luché todo el día con sus instrucciones. El mensaje de *La trampa de Satanás* lo había compartido durante varios años, y muchas personas ya lo habían oído. Realmente no quería declarar el mensaje antiguo. Pero tenía una palabra directa del Espíritu Santo.

Al llegar al auditorio esa noche, me dijeron los coordinadores de la conferencia que la gente había viajado desde muy lejos para oírme. Yo temblé, pensando que aquellos viajeros probablemente oirían un mensaje repetido o que sería muy probable que ya hubieran leído *La trampa de Satanás*.

Al entrar en el auditorio observé que la atmósfera era vibrante. Cedí a la presión y decidí dar el mensaje "fresco", y estaba contento con cómo fue. La predicación fue fuerte y la gente respondió con entusiasmo. Parecía que "me había salido con la mía", o quizá no había oído de Dios esa mañana.

Me desperté con el corazón pesado, sin energía, incluso lidiaba con la depresión. De inmediato supe por qué: había desobedecido a Dios. Lo primero que hice esa mañana fue ponerme de rodillas, arrepentirme y pedir perdón. Le pedí que la sangre de Jesús me limpiara.

Sin embargo, no hubo alivio. Finalmente, cuando volábamos en círculo sobre la ciudad de San Diego, todo eso se fue de mí. Pregunté: "Padre, me arrepentí y pedí perdón esta mañana. ¿Por qué no has restaurado mi gozo, paz y contentamiento hasta ahora?".

Oí al Señor decir: "Permití que llevaras el peso de tu desobediencia para que pudieras entender su seriedad. Había un pastor en la reunión anoche que necesitaba oír el mensaje que te había confiado: *La trampa de Satanás*. Es un tiempo crítico en su vida y ministerio. Me desobedeciste y hay consecuencias. El peso que has sentido es una advertencia para que esto no vuelva a suceder".

DONES ETERNOS QUE NO SON OBVIOS

Tenemos que "ministrar *los dones que se nos han confiado* los unos a los otros, como buenos administradores de la *multiforme* gracia de Dios". La palabra *multiforme* aquí significa "de varios tipos". Algunos dones son obvios en su conexión con la edificación del reino; sin embargo, hay muchos más que sería un reto identificar. Este es un ejemplo.

Recientemente escuché a un pastor reconocido hablar sobre una conversación que ocurrió justo antes de su conferencia anual. Cuando el equipo estaba preparando el auditorio, el pastor vio a un médico que era miembro de su iglesia poniendo folletos en los asientos para los delegados de la conferencia.

El pastor se acercó al médico y se disculpó: "Doctor, usted no debería estar haciendo esto. Tenemos interinos y otros voluntarios que pueden hacerlo".

El pastor reportó que el médico lo corrigió de manera educada, pero firme. "Dejo mi consulta médica cada año para estar en esta conferencia. Es la semana que más valoro del año porque puedo hacer algo para edificar el reino de Dios".

Al escuchar a mi amigo pastor contar esta historia, me dolí por ese médico. Me di cuenta de que no había unido los puntos sobre el valor de su don para edificar el reino de Dios. De nuevo, algunos dones conectan directamente mientras que la mayoría son indirectos, pero no por ello menos importantes.

Tristemente, he visto con frecuencia a hombres y mujeres batallando en puestos de ministerio a tiempo completo por no reconocer que sus dones se desarrollarían en lugares fuera del entorno de la iglesia.

Se necesita conocimiento, sensibilidad espiritual y madurez para ver los puestos de servicio en el reino que no son tan obvios. Su don, ya sea que opere mejor en el cuidado de la salud, la educación, el gobierno, el deporte, la empresa, las artes, los medios de comunicación, la casa o en cualquier otro ámbito, tiene una conexión para edificar el reino. El Maestro Planificador lo diseñó así.

Es muy posible que no reconozcamos las conexiones de nuestra obediencia con el éxito hasta que finalmente estemos delante de Jesús en el tribunal de Cristo. Por lo tanto, ya sea que su don sea evidente o no, su mandato es: "y como Dios llamó a cada uno, así haga" (1 Corintios 7:17, RVR 60).

LA MOTIVACIÓN ES CRUCIAL

La siguiente verdad a destacar es que nuestra "recompensa" está relacionada directamente con nuestra "buena voluntad" o, en un sentido más general, con nuestra "actitud". Dicho de forma sencilla, si nuestra actitud es *desinteresada*, recibimos una recompensa; si nuestra actitud es *egoísta*, no recibimos ninguna recompensa.

Una actitud desinteresada podría ser: *Qué privilegio servir a otros con las habilidades que he recibido.* Una motivación *egoísta* sería algo más parecido a esto: *¿Qué puedo obtener yo de mi habilidad?* Para decirlo de una forma más directa, la primera es: *¿Qué puedo hacer por ti?* La segunda es: *¿Qué puedo sacar de esto?*

Otra actitud desinteresada sería: *Me esforzaré al máximo, al margen de lo que obtenga a cambio,* mientras que la motivación egoísta es: *¿Para qué hacer un trabajo a conciencia cuando no saco nada de esto para mí?*

Una motivación desinteresada más: *Debo proseguir; hay muchas personas que impactar.* Sin embargo, la actitud egoísta sería: *Me está yendo bien, así que puedo relajarme.*

Estas valoraciones y las de los amigos y conocidos no tienen ningún significado comparado con lo que todos nosotros al final enfrentaremos: el examen divino. Lo que importa es cómo evaluará *Jesús* nuestra administración.

A decir verdad, nuestras *acciones* u *obras* obedientes ciertamente serán importantes en el juicio. Jesús dice claramente: "Miren, yo vengo pronto, y traigo la recompensa conmigo para pagarle a cada uno según lo que haya hecho" (Apocalipsis 22:12). No se trata de "escoger" entre una u otra, sino de considerar el "todo": *tanto las motivaciones* como las *obras* serán examinadas en el juicio.

¿QUÉ SE ESPERA?

Hemos establecido sólidamente la importancia de entender la administración. La pregunta más importante ahora es: ¿qué se espera de nosotros? ¿Cuáles son los resultados que Jesús buscará en el juicio cuando examine cómo hemos manejado los dones que nos confió? ¿Podemos saberlo? Claro que sí, porque Jesús declara que seremos "juzgados el día del juicio por la verdad que yo he hablado" (Juan 12:48).

PARA REFLEXIONAR

1. Antes de leer este capítulo, ¿se veía a usted mismo como un administrador? ¿Por qué sí o por qué no?

2. Los dones que se le han entregado no son para usted; han de llegar a otros a través de usted. ¿Por qué es importante administrar sus dones fielmente? ¿Qué hay en juego si usted descuida su administración?

3. Usted puede escoger usar los dones que Dios le ha dado de tres maneras. Puede usarlos para edificar el reino, para su propio beneficio, o puede descuidarlos, no usarlos nunca. ¿Cómo está usando sus dones? ¿Qué cambios debería hacer con respecto a la forma en que administra lo que Dios le ha dado?

5

FIEL

Así, pues, téngannos los hombres por servidores de Cristo,
y administradores de los misterios de Dios. Ahora bien, se
requiere de los administradores, que cada uno sea hallado fiel.
—1 Corintios 4:1-2, RVR 60

El apóstol Pablo identifica a Apolos y a sí mismo como *servidores* de Jesucristo y *administradores* de los dones que les habían sido confiados. Usted y yo también somos servidores de Jesucristo, y una de las principales maneras de cumplir este papel es siendo buenos administradores de los dones que nos han sido confiados.

Ahora dirigiremos nuestra atención a lo que se requiere de un servidor, y hay solo un atributo escrito: *fidelidad*, y es *obligatorio*; por lo tanto, es muy importante que nos concentremos en esta virtud si queremos ser buenos administradores y oír un día decir a nuestro Maestro: "Bien hecho".

LA DEFINICIÓN DE FIDELIDAD

He tenido el privilegio de dirigirme a equipos de liderazgo en todo el mundo, no solo equipos ministeriales, aunque estos supondrían la mayoría, sino también a personas en equipos corporativos, gubernamentales, de empresas, de educación y deportivos. He pedido varias veces a miembros de los equipos que den una definición de *fidelidad* de una sola palabra. Tras oír respuestas similares, decidí hacer una lista de las respuestas más populares:

+ Firmeza
+ Constancia
+ Fiabilidad
+ Lealtad
+ Veracidad
+ Confiabilidad
+ Dedicación
+ Determinación
+ Obediencia

Hay una definición muy importante, sin embargo, que no he escuchado ni una sola vez en ningún ámbito: "multiplicación".

Quizá piense inmediatamente: *¿multiplicación? ¡Eso no es una definición de fiel!* Le aseguro que al final de este capítulo no solo estará de acuerdo conmigo, sino que probablemente lo considere una de las definiciones de fidelidad más importantes.

LA PARÁBOLA DE LOS TALENTOS

Para introducir la multiplicación, vayamos a la parábola de Jesús de los talentos. Por favor, léala con atención, aunque la haya leído ya cientos de veces.

También el reino del cielo puede ilustrarse mediante la historia de un hombre que tenía que emprender un largo viaje. Reunió a sus siervos y les confió su dinero mientras estuviera ausente.

(Mateo 25:14)

En primer lugar, esto es una parábola; por lo tanto, es simbólico, no literal. El hombre que se iba a un largo viaje representa a Jesús. A cada uno de sus siervos se le confía que administre algo, y esto es simbólico de usted y yo.

Después, observemos que el viaje es largo, lo cual apoya dos hechos. Primero, han pasado casi dos mil años desde que Jesús nos dejó el mandato de edificar aquello por lo que murió: el reino. Obviamente, Él no ha regresado aún, pero incluso en este punto de la historia ya ha pasado mucho tiempo.

Tercero, esta parábola de nuevo nos muestra que la administración no hay que controlarla en exceso. El hombre de la parábola se va y no regresa cada mes para revisar el progreso de sus administradores. Según la parábola, no inspecciona su trabajo hasta su regreso.

Continuemos con esta historia:

Lo dividió en proporción a las capacidades de cada uno. Al primero le dio cinco bolsas de plata; al segundo, dos bolsas de plata; al último, una bolsa de plata. Luego se fue de viaje.

(Mateo 25:15)

En esta historia se les confía dinero. La mayoría de las traducciones de la Biblia usan la palabra *talento*. Un talento es una medida de peso, y se usaba principalmente para el oro o la plata; es aproximadamente unos treinta y cuatro kilos. La mayoría de los expertos calculan que un talento de plata valdría aproximadamente unos

18 000 dólares en moneda estadounidense. El Nuevo Testamento representa un talento como una gran suma de dinero; una responsabilidad importante. Sin embargo, no creo que Jesús está hablando aquí de dinero, sino de *carisma*, o los dones que se nos han confiado.

Otro punto importante de esta historia es que no todos los siervos recibieron la misma cantidad. Esta es la razón del porqué a veces me he referido ya a lo que se nos ha confiado como "dones". Algunos tienen uno, otros dos, y otros tienen más.

Las diferentes cantidades también podrían representar la magnitud de nuestros dones; hay algunas personas que tienen mayores dones que otras.

> El siervo que recibió las cinco bolsas de plata comenzó a invertir el dinero y ganó cinco más. El que tenía las dos bolsas de plata también salió a trabajar y ganó dos más. Pero el siervo que recibió una sola bolsa de plata cavó un hoyo en la tierra y allí escondió el dinero de su amo. (Mateo 25:16-18)

Permítame personalizar la historia asignando nombres a nuestros siervos. Llamemos al primer siervo Allison, al segundo Bob y al tercero Larry. Allison comenzó con cinco y *multiplicó* lo que se le había dado y terminó con diez. Bob *multiplicó* sus dos y terminó con cuatro. Sin embargo, Larry no multiplicó el don que se le había confiado, sino que lo *mantuvo*.

Allison: 5 x 2 = 10

Bob: 2 x 2 = 4

Larry: 1 = 1

A partir de este punto, personalizaré los versículos con los nombres dados a cada siervo.

EL JUICIO

Es crucial destacar el énfasis que hace Jesús en la palabra *mucho* en esta parábola. La historia comenzó con la descripción de un largo viaje, y de nuevo dice: "Después de *mucho tiempo*, el amo regresó de su viaje y los llamó para que *rindieran cuentas* de cómo habían usado su dinero" (Mateo 25:19). Las cuentas que el amo pide rendir a cada uno de los administradores representan el juicio que cada uno enfrentará para rendir cuentas de cómo usamos los dones que nos confiaron. Examinemos primero a Allison:

> *Allison*, a quien le habían confiado las cinco bolsas de plata, se presentó con cinco más y dijo: "Amo, usted me dio cinco bolsas de plata para invertir, y he ganado cinco más".

Escuchemos el juicio de su amo:

> El amo lo llenó de elogios. "Bien hecho, mi buen siervo fiel. *Has sido fiel* en administrar esta pequeña cantidad, así que ahora te daré muchas más responsabilidades. ¡Ven a celebrar conmigo!" (ver Mateo 25:20-21)

Este es un punto muy importante que no nos debemos perder: el amo dice: "Has sido fiel". Jesús directamente atribuye la *fidelidad* a la *multiplicación*. Él no dijo que fue firme, fiable, leal, dedicada, veraz o cualquier otra de las definiciones de una palabra para *fiel*. Tampoco destacó ninguna otra virtud, acción o resultado de su administración, solo que había multiplicado. Por lo tanto, él directamente asemeja la *fidelidad* a la *multiplicación*.

Lo mismo ocurre con Bob. Leamos con atención su relato:

Se presentó *Bob* que había recibido las dos bolsas de plata y dijo: "Amo, usted me dio dos bolsas de plata para invertir, y he ganado dos más".

En los mismos términos, oigamos el juicio de su amo:

El amo dijo: "Bien hecho, mi buen siervo fiel. *Has sido fiel* en administrar esta pequeña cantidad, así que ahora te daré muchas más responsabilidades. ¡Ven a celebrar conmigo!" (ver Mateo 25:22-23)

De nuevo, Jesús identifica directamente la *fidelidad* con la *multiplicación*. Jesús no quiere que el énfasis del amo se diluya; solo hay una moraleja: este hombre multiplicó lo que se le había confiado y se le asemeja claramente con ser fiel.

También, el elogio que recibe Bob es exacto, palabra por palabra, al que recibe Allison. Esto revela que en el día del juicio nuestro "marcador" de multiplicación estará basado en nuestra labor. Jesús se agradará igualmente con nosotros al margen de la cantidad o la magnitud de nuestros dones. Lo único que importará es saber si lo multiplicamos o no.

Ahora enfoquemos nuestra atención en Larry:

Por último se presentó Larry que tenía una sola bolsa de plata y dijo: "Amo, yo sabía que usted era un hombre severo, que cosecha lo que no sembró y recoge las cosechas que no cultivó. Tenía miedo de perder su dinero, así que lo escondí en la tierra. Mire, aquí está su dinero de vuelta". (ver Mateo 25:24-25)

Antes de pasar al juicio de Larry, destaquemos algunos datos importantes. Primero, Larry no multiplicó; él mantuvo lo que se le entregó. Además, observemos la razón por la que no multiplicó: primero, no conocía el carácter de su amo, así que lo percibió incorrectamente como alguien severo. A lo largo de los años de ministrar a creyentes de distintas partes del mundo y de todos los ámbitos de la vida, he observado que una de sus principales piedras de tropiezo para dar fruto es no conocer la naturaleza de Dios.

El que percibamos a Dios de forma incorrecta a menudo provoca lo que hay detrás de no haber multiplicado: *temor.* ¡Larry tuvo miedo! El temor, la timidez o la intimidación apagará los dones genuinos de Dios en nuestras vidas. Esto es muy importante y no se puede enfatizar lo suficiente. Esto lo sé de primera mano, ya que lo sufrí durante años.

Ahora veamos el juicio de Larry:

Pero el amo le respondió: "¡Siervo *perverso y perezoso!*".

(Mateo 25:26)

Examinemos esta afirmación. Recordemos que los tres, no solo Allison y Bob, sino también Larry, son *siervos*; no son *extraños*. Es *su* amo quien está valorando su trabajo. Larry no escucha: "Bien hecho, mi buen siervo fiel" como se les dijo a los otros dos, sino que en su lugar escucha: "¡Siervo perverso y perezoso!". Jesús no está hablando de la salvación, sino del juicio con respecto a cómo manejamos nuestros dones, siendo recompensados o sufriendo la pérdida de nuestra labor.

Veamos con atención las dos firmes palabras del amo. Comenzaremos con la más fácil de digerir. La palabra en griego para *perezoso* es *oknērós*. Esta palabra se define como "demorar, lento, tarde, vago".[2] Otro diccionario lo define como "pertinente a retraerse de o dudar en involucrarse en algo que vale la pena, posiblemente con la implicación de falta de ambición".[3]

Si alguien tiene miedo, dudará o se frenará a la hora de participar en una actividad que se debería o se podría hacer. Si está aletargado, le faltará el empuje para lograr lo que debería hacer. Si es apático, no le importará lo suficiente como para pensar en hacer algo. Todos los escenarios tienen que ver con esta palabra griega, pero el siervo confesó: "Tuve miedo".

¿Alguna vez ha sentido la urgencia de hacer algo, sintiendo que no podía sacárselo de la cabeza, especialmente cuando oraba, pero titubeó demasiado tiempo porque le dio miedo fallar? ¿Y después vio a otra persona que lo hacía? Entonces usted pensó para sí: *Yo tuve esa idea y debería haberla llevado a cabo.* Este es el punto de Jesús con respecto a este siervo. Él dudó y dudó, no solo una o dos veces, sino que dudó todo el periodo de su administración. Es aceptable una o dos veces, pero si coqueteamos con la duda mucho tiempo, se puede convertir en un patrón que finalmente conduce a evitar por completo las cosas y a una administración infructuosa.

2. Zodhiates, Spiros. *The Complete Word Study Dictionary: New Testament.* Chattanooga, TN: AMG Publishers, 2000.

3. Louw, Johannes P., y Eugene Albert Nida. *Greek – English Lexicon of the New Testament: Based on Semantic Domains.* New York: United Bible Societies, 1996.

Centrémonos en la palabra más difícil que dijo el amo al tercer siervo. La palabra *perverso* puede parecer demasiado intensa, pero Jesús nunca usó las palabras a la ligera. La palabra griega para perverso es *ponērós*. Se define como "poseer una falta seria y por consiguiente ser inútil".[4]

En cuanto a cómo manejó Larry lo que se le había confiado, esta definición encaja. La visión equivocada de Larry del carácter de su amo fue una falta seria que impulsó su temor. Él fue *inútil* para el funcionamiento del don que se le había confiado. La visión de Dios es que:

> *Los que multiplican son buenos y fieles.*
> *Los que simplemente mantienen, poseen*
>   *una falta seria, son inútiles y perezosos.*

El primer mandamiento de Dios a la humanidad cuando puso al hombre y a la mujer en la tierra fue: "Sean fructíferos y multiplíquense" (Génesis 1:28). Por supuesto, nos estaba diciendo que tuviéramos bebés y pobláramos la tierra; pero también, y mucho más aún, el mandamiento es este: *Todo lo que Dios nos entregue para su cuidado, debemos devolvérselo multiplicado.* Debemos procrear mediante la multiplicación.

¡NO ES SU PROPIA CAPACIDAD!

¿Se está sintiendo incómodo? Probablemente lo esté, pero recuerde que la gracia de Dios es lo único que necesita. No se le ha pedido hacer esto en sus propias fuerzas, sino por la *charis* y *carisma*

---

4. Louw, Johannes P., y Eugene Albert Nida. *Greek – English Lexicon of the New Testament: Based on Semantic Domains.* New York: United Bible Societies, 1996.

de Dios. El propósito de escribir este mensaje es que sea más consciente del potencial que Dios le ha dado y expanda su fe en la gracia de Dios y los dones sobre su vida. Pablo le pidió a Dios tres veces que aligerara su carga, pero mire cómo le responde el Señor:

> «Mi gracia es todo lo que necesitas; mi poder actúa mejor en la debilidad». Así que ahora me alegra jactarme de mis debilidades, para que el poder de Cristo pueda actuar a través de mí. Es por esto que me *deleito* en mis debilidades.
>
> (2 Corintios 12:9-10)

Una de las definiciones de la palabra griega para *debilidad* es "limitaciones". Usted y yo no somos los únicos que nos sentimos abrumados a veces. Todos tenemos limitaciones, como le pasó al apóstol Pablo. En el contexto específico de este versículo se refiere a la resistencia, oposición e incluso persecuciones físicas que sufría en cada ciudad (ver capítulo 11), pero este principio también es aplicable a las restricciones o imposibilidades que podamos enfrentar, cuando la tarea nos parece inviable. En lugar de *escuchar* a las limitaciones que gritan en nuestra mente, *declaremos* las promesas de Dios.

Pablo le pidió a Dios tres veces que interviniera, y cada vez Dios le recordó a Pablo el *charis*. Pablo lo entendió la tercera vez, y se dio cuenta de que sus limitaciones deberían conducirle a creer en la gracia y los dones de Dios en su vida. Mientras más imposible es el desafío, más se manifestará el poder de Dios en su vida, ¡si cree!

Este es un principio importante: *La gracia que necesitamos para multiplicar ¡solo podemos alcanzarla creyendo!* Imagínelo de este modo: la fe es la tubería que abastece a nuestro corazón de la gracia necesaria para multiplicar. Cuando oímos este mensaje, nuestra fe o tubería debería alargarse, no disminuir. Pero es decisión nuestra.

Crea que Dios le ha equipado para ir más allá de su propia capacidad. Él no le ha dado ninguna otra opción para obtener fortaleza y empoderamiento que depender de su gracia. Cuando usted haga esto, *entrará en el verdadero reposo*, no esforzándose ya por producir resultados. ¿Cuál es este *reposo*? Es cooperar con la capacidad de Dios para lograr su misión. Cuando entre en reposo, ¡Dios le llevará a multiplicar! Sería abrumador y desalentador hacer frente a nuestra administración en nuestras propias fuerzas.

Por favor, no lo olvide nunca: su llamado es mayor que su capacidad natural.

¿SOCIALISTA O CAPITALISTA?

Continuemos con la parábola de Jesús. Puede que no parezca posible, ¡pero realmente se pone más fuerte y más impactante!

Entonces ordenó: "Quítenle el dinero a este siervo y dénselo al que tiene las diez bolsas de plata.   (Mateo 25:28)

A ver, ¡espere un minuto! ¿Hemos leído bien? El amo ordena que le quiten la bolsa de plata (talento) a Larry y que se la den a Allison. Veamos esto claramente:

Allison: 5 x 2 = 10 + 1 (de Larry) = 11

Larry: 1 – 1 (dada a Allison) = 0

Allison termina con once, ¡y Larry termina con cero!

Una mañana en oración quedé impactado por lo que escuché en mi corazón. No había pensado en la parábola de los talentos por algún tiempo. Esa mañana oí al Espíritu de Dios decirme: "Hijo, yo soy más bien capitalista, no socialista, en mi manera de pensar".

¡¿Qué?! Alcé una ceja al oír sus palabras, pero había caminado con Él lo suficiente para saber cuándo Él nos revela cosas que no sabemos. A menudo suena contrario al pensamiento religioso o normal, ¡y a veces incluso suena absurdo! Esa mañana, Él me llevó a esta parábola y me mostró que, si su pensamiento fuera socialista, esta parábola habría sido distinta. La historia habría comenzado así: Los tres habían recibido el mismo número de talentos:

Allison: 3

Bob: 3

Larry: 3

Allison y Bob habían sido fieles (multiplicado), pero Larry, por sus fallas de ser una persona inútil y perezosa, se mantuvo fiel a su costumbre. El resultado hubiera sido:

Allison 3 x 2 = 6

Bob 3 x 2 = 6

Larry 3 = 3

El hipotético Dios socialista habría hecho lo siguiente:

Allison 6 − 1 = 5

Bob 6 − 1 = 5

Larry 3 + 1 (de Allison)

      + 1 (de Bob) = 5

¡Todos habrían terminado con cinco talentos! Pero no es esto lo que ocurrió. Dios quitó a Larry la única bolsa de plata y se la dio a quien tenía diez. ¿Por qué? Jesús lo explica:

A los que usan bien lo que se les da (*multiplican*), *se les dará aún más* y tendrán en *abundancia*; pero a los que no hacen nada (*mantienen*) se les quitará aún lo poco que tienen.

(Mateo 25:29)

La forma de Dios es recompensar con más a los que multiplican, y no tiene problema con que tengan *abundancia*. De nuevo Jesús dice: "Y tendrán en *abundancia*". Dios desea que tengamos abundancia *mientras nuestro corazón esté en edificar el reino y usar nuestra abundancia para otros.*

Probablemente haya oído esta frase antes: *Dios no está en contra de la abundancia; Él está en contra de que la abundancia nos controle.* Esta es una afirmación muy cierta. Para aquellos cuyo corazón arde con las pasiones de Dios, su satisfacción no viene de acumular abundancia. Más bien, viene de caminar con Dios y usar la abundancia que Él da para edificar su reino.

LA APLICACIÓN PRÁCTICA

En cualquier caso, lo importante es el hecho de que se nos han confiado dones y se espera que los usemos para multiplicar. Si usted ama a Dios, deseará apasionadamente usar sus dones para su gloria. Mi principal intención es despertarle su deseo interior y su potencial. Usted ha sido creado a propósito con un propósito. Tiene la capacidad de multiplicar lo que le ha sido dado para la gloria de nuestro Rey.

Ahora que hemos llegado a un entendimiento de la parábola de los talentos y lo que representa, estamos listos para pasar a los asuntos prácticos. ¿Cómo se hace esto? ¿Cómo traducimos esto a nuestra vida cotidiana?

PARA REFLEXIONAR

1. Hay un atributo que define claramente a un administrador: ser fiel. ¿Cómo ha visto usted la fidelidad? Tras leer este capítulo, ¿cómo ha cambiado su perspectiva?

2. La multiplicación eterna no se consigue en nuestras propias fuerzas. Es un resultado de cooperar con la gracia de Dios. ¿Está intentando multiplicar sus dones en sus propias fuerzas? ¿Cómo puede multiplicar sus dones desde una postura de reposo, en lugar de esfuerzo?

3. Dios no está en contra de la abundancia; Él está en contra de que la abundancia nos controle. ¿Por qué cree que es importante para Dios que usted multiplique sus dones? ¿Cómo puede honrar a Dios la multiplicación de sus dones y también impactar a otros en una escala mayor?

6

DILIGENCIA Y MULTIPLICACIÓN

El que administra lo poco que se le ha entregado con
fidelidad e integridad, será ascendido y se le entregarán
mayores responsabilidades.
—Lucas 16:10, TPT

Según las palabras de Jesús, si vivimos con integridad y somos firmes, fiables, de confianza, honestos, diligentes, y multiplicamos lo que gestionamos actualmente, recibiremos responsabilidades mayores. Dicho de forma sencilla: *cuando multiplicamos con integridad, Dios nos entrega más responsabilidades.* Él nos asciende. Es una ley de su reino.

Haga una revisión personal. ¿Tiene usted una actitud de multiplicación? ¿O ha cargado más bien con una mentalidad de mantenimiento? ¿Ha rodado sin pedalear cuando ha conseguido el nivel de éxito que consideró que estaba por encima del promedio, que era mejor que el de sus padres, o suficiente para vivir cómodamente?

Sea sincero en su valoración. Si se ha dedicado más bien a mantener en vez de multiplicar, la buena noticia es esta: aún vive en la tierra y tiene tiempo de cambiar, multiplicar y finalmente ¡que reciba más responsabilidades!

DOS RESULTADOS DISTINTOS

Cuando era un niño, no me resultaba difícil reconocer estas dos motivaciones opuestas de mantener y multiplicar, porque mis dos abuelos ejemplificaban las diferencias justo delante de mis ojos. Uno se jubiló a los sesenta y cinco años y entró en un estilo de vida dócil. Nos visitaba en casa dos semanas al año, y yo le observaba, día a día, haciendo prácticamente nada. Se sentaba bajo nuestro gran árbol en el jardín a fumar su pipa. No era muy distinto cuando lo visitábamos en su casa. Tristemente, en sus últimos años parecía haberse conformado con existir en lugar de vivir.

Mi otro abuelo se jubiló a los sesenta y dos años y comenzó lo que parecía su segunda vida. A sus sesenta se inscribió en la Universidad de Rutgers y estudió agricultura. Durante las dos décadas siguientes escribió dos libros, plantó y mantuvo un gran jardín, crio animales, ayudó a llevar condominios a las playas de Florida para crear lugares bonitos para las personas mayores, y estuvo activo en muchos proyectos empresariales y comunitarios. Siempre se acercaba para ayudar a cualquiera que tuviera una necesidad.

Cuando él nos visitaba o nosotros lo visitábamos a él, era una ocasión que esperábamos con anticipación. Él planificaba viajes de pesca, días en parques de atracciones, y viajes a la ciudad de Nueva York. Jugaba con nosotros, nos llevaba a conocer a los vecinos, ayudaba a los empresarios locales con sus tareas en sus tiendas, y cada noche nos preparaba una rica cena. Mi otro abuelo no ayudaba ni siquiera en la cocina.

Un abuelo murió a los setenta y cinco años y el otro a los noventa y uno. ¿Sabe quién vivió más? Sí, el que tenía una visión, el que multiplicaba. Esto es lo interesante: no fue hasta que tuvo ochenta y nueve años que recibió la salvación. Incluso así, anteriormente él había vivido según los principios de Dios, las leyes del reino, y fue bendecido abundantemente.

Antes de que yo tuviera el privilegio de conducirlo a Jesús, mi abuelo me persiguió mucho por mis creencias. Se burlaba de mi fe casi cada vez que estábamos juntos. Tras varios intentos de compartir el evangelio con él, casi me caí al piso cuando finalmente dijo: "Quiero recibir a Jesús como mi Señor". ¡Fue un día grande!

Un mes después de su conversión, volví a visitarlo. En ese entonces, solo vivía a una hora de distancia de nuestra casa. Se acababa de mudar de su condominio en Daytona Beach a una residencia asistida para mayores en Ormond Beach. En esa visita me dijo: "John, ¿te gustaría conocer mi tarea? ¿Para qué estoy aquí en esta tierra?".

Me sorprendió que un hombre recién salvado de su edad pensara así. Pero en lugar de ir por ahí, simplemente respondí: "Sí, abuelo, ¿cuál es tu tarea?".

Él dijo con una sonrisa: "El Espíritu Santo me dijo que estoy aquí para hablar a todas estas personas sobre Jesucristo". Dos años después, mi mamá y su hermano lo trasladaron a Oklahoma para estar cerca de su único hijo. La primera semana que estuvo allí se quedó despierto toda la noche contándole a la nueva enfermera que le habían asignado la historia de su vida. En las primeras horas del día, justo antes del amanecer, le dijo: "Es el momento de ir a casa.

Dile a mi hijo que haga una fiesta por mí". Con eso, dejó su cuerpo y se unió a su familia celestial.

Mi mamá estaba angustiada y preocupada por haberle puesto – quizá – bajo mucha presión con la mudanza de Florida a Oklahoma. Cuando ella dijo eso, yo le aseguré rápidamente que no habían hecho tal cosa: "Mamá, cuando el abuelo tenía ochenta y nueve años, me dijo que Dios le mostró que tenía dos años más sobre la tierra para cumplir su tarea en Ormond Beach. Esta fue su primera semana en Oklahoma; su tarea se terminó". Mi mamá se quedó consolada y asombrada.

Aunque mi abuelo era un hombre incrédulo, los principios de Dios de la fidelidad diligente se manifestaron en su vida. Al ser testigo de las distintas decisiones de mis dos abuelos, incluso antes de que yo fuera creyente, había decidido que mi vida seguiría el curso de mi abuelo que multiplicó y vivió con propósito hasta su último aliento.

Numerosas veces ha surgido la tentación de girar bruscamente hacia el otro lado, a una vida tranquila. Es necesario redirigir intencionalmente nuestros pensamientos para no sucumbir al estilo de vida de "mantenimiento" porque es mucho más fácil.

La multiplicación no se manifestará con una motivación vaga, reticente, despreocupada o apática. En primer lugar, entendamos que esto es un mandato, no una sugerencia. Mire sus palabras: "trabajen con esmero". Para multiplicar, este es el primero de los rasgos que debemos mostrar. No solo tenemos que *trabajar con esmero*, sino que también tenemos que ser *entusiastas* en nuestra labor.

Una de las palabras raíz para *entusiasmo* es la palabra griega *entheos*, que significa "tener a Dios dentro".[5] Nuestra diligencia debe estar impulsada por lo que sacamos de su presencia en nosotros, no de las emociones o las circunstancias externas.

MULTIPLIQUE LO QUE LE PERTENECE A OTRO

Después de casarnos, la primera iglesia a la que asistimos Lisa y yo estaba en Dallas, Texas. Era una de las iglesias más reconocidas de nuestra nación, con una plantilla de cientos de personas. Nunca dije "no" a ninguna forma de servicio, fuera lo que fuese, y todo esto sucedió mientras trabajaba cuarenta horas por semana como ingeniero en Rockwell International.

Finalmente, tras ver mi pasión por servir, la esposa del pastor principal (que era la jefa de operaciones de la iglesia) me preguntó si estaría dispuesto a unirme a la plantilla de la iglesia a tiempo completo. Durante nuestra entrevista formal, ella dijo: "John, no creo que podamos pagarte suficientemente".

Mi respuesta fue: "Sí, sí pueden pagarme lo suficiente". No me importaba lo que me ofrecieran. Tras la entrevista, me ofreció el puesto de ayudante del equipo ejecutivo. Acepté la oferta con un salario de 18 000 dólares al año, lo cual suponía una gran reducción de sueldo, pero sentimos que fue un ascenso.

Lisa y yo no teníamos hijos durante el tiempo que duró este puesto. El trabajo en la semana, por lo general, era de cincuenta a setenta horas en un periodo de seis días. Tanto ella como yo sentíamos que era importante quitar a nuestros pastores toda la presión

5. "Enthusiasm". *Merriam-Webster.com Dictionary*. Consultado en línea 18 de marzo de 2020. https://www.merriam-webster.com/dictionary/enthusiasm.

posible. Queríamos que pudieran prestar toda su atención a dirigir nuestra iglesia.

Tras servir a mi pastor y su esposa como su asistente durante cuatro años, un día cuando estaba a solas con ellos les dije: "Estoy orando y pidiéndole a Dios que el hombre que ocupe un día mi lugar haga este trabajo dos veces mejor que como yo lo he hecho". Quería irme bien y ver que quien ocupara mi puesto lo hiciera incluso mejor.

"Eso no es posible", respondieron ellos. "Has hecho un gran trabajo".

Su afirmación hizo que todo el trabajo duro pareciera fácil, pero yo quería mejorar. Finalmente, pusieron a dos personas en ese puesto. Mi pastor nos despidió con una bendición para ir a servir bajo otra iglesia muy reconocida en Florida, con el puesto de pastor de jóvenes.

Cuando acepté el puesto de Florida, estaba frustrado porque no estábamos alcanzando más adolescentes. Esto era a mediados de 1980, cuando nuestro único medio visual era la televisión. No había computadoras, tabletas o teléfonos inteligentes. No se había inventado el streaming. Dicho en pocas palabras, la retransmisión diaria por televisión era la mejor manera de alcanzar a la gente.

Tras hacer una investigación, descubrí que una de las estaciones de televisión más poderosas en la Florida central tenía un hueco a las 10:00 los sábados en la noche. Pregunté cuánto costaría comprar esa media hora de tiempo. Era una cantidad importante.

Me acerqué a mi pastor principal y le pregunté si podíamos comprarlo para un programa de alcance de jóvenes. "John, no está en el presupuesto de la iglesia", me dijo.

Le pregunté: "¿Le importaría si le damos a los adolescentes la oportunidad de dar mensualmente para poder pagar el programa?".

"No me importa, siempre que puedan permitírselo", respondió. No creo que él creyera que los jóvenes podrían hacerlo.

Me puse delante de los jóvenes y compartí con ellos la visión de alcanzar a los perdidos. En esos días, muchos jóvenes veían la televisión hasta tarde el sábado en la noche. En este programa, primero predicaríamos la Palabra de Dios, y después invitaríamos a los televidentes a asistir a la iglesia y al grupo de jóvenes. Animé a los jóvenes de nuestro grupo a dar de sus pagas, de sus trabajos después de la escuela o a crear trabajos poco comunes. Cuando nos dijeron las cantidades que se comprometerían a dar, mi ayudante de pastor de jóvenes y yo nos quedamos sorprendidos, pues el costo del tiempo de televisión estaría cubierto.

Mi pastor principal se sorprendió aún más. Nos dio el permiso y comenzamos nuestro programa: Youth Aflame (Jóvenes Prendidos). Cubrimos el costo cada mes, y la parte emocionante fue que muchos jóvenes que no asistían a la iglesia comenzaron a asistir al grupo de jóvenes y aceptaron a Jesús. Personas se han acercado a mí más de veinte años después, compartiendo que a finales de 1980 vieron Jóvenes Prendidos y lo mucho que impactó sus vidas.

Cuando dejé el puesto de pastor de jóvenes, dividimos el grupo de jóvenes en tres ramas distintas. Los tres líderes ahora estaban haciendo lo que habíamos comenzado con uno. De nuevo, la gracia de Dios, la obediencia y el trabajo duro produjeron la multiplicación.

Fue este pastor principal el que declaró el plan de Dios para Lisa y para mí de lanzar Messenger International. Él lo dijo primero, no nosotros. Si Dios no le hubiera impulsado en oración sobre cuál debería ser nuestro siguiente lugar de ministerio, no estoy seguro de si nos habríamos sentido libres para irnos de la iglesia. Creo hasta este día que esa fue la razón por la que Dios se lo mostró a él primero.

NACIMIENTO DE MESSENGER INTERNATIONAL

Poco después de dejar la iglesia de Florida, estábamos ministrando en Columbia, Carolina del Sur. Era temprano en la mañana, y había encontrado un lugar remoto donde orar. Dios me habló: "Hijo, recogerás una gran cosecha por las fieles semillas que has plantado estos siete años pasados sirviendo en los ministerios de otros. Comenzará de inmediato y continuará durante años".

Cuando nuestra iglesia nos lanzó para dar a luz Messenger International, la diligencia fue de nuevo un factor clave en nuestra multiplicación. Lisa y yo pasábamos muchas noches trabajando con tareas como duplicar cintas de casete, haciendo etiquetas y juntando series de sermones. Teníamos amigos que venían regularmente para etiquetar y hacer tandas con nuestro boletín informativo o ayudar en otras áreas. Lisa y yo escribíamos cartas, ingresábamos cheques, llevábamos la contabilidad y hacíamos todo el papeleo necesario. Escribíamos artículos en la computadora, íbamos a la oficina de correos e íbamos a comprar suministros, y esa es la lista corta. Comenzábamos a trabajar después de orar por la mañana, y a menudo trabajábamos hasta las 9:00 de la noche o más.

Lo hacíamos con gozo y lo considerábamos un privilegio. Nuestra motivación venía de dentro, y soportó innumerables decepciones y tiempos de sequedad. Creo que la fuerza para no desanimarnos venía del tiempo que pasábamos en oración cada mañana.

Viajábamos por la I-95, la principal autopista de la Costa Este, en nuestro Honda Civic con dos niños pequeños en sus sillitas atrás, y predicábamos en iglesias pequeñas a ochenta o cien personas. Nuestra primera reunión fue, de hecho, en una iglesia que se reunía en una casa fúnebre; ¡qué comienzo tan glamuroso!

Vendíamos nuestros casetes y usábamos los beneficios para expandir el ministerio. Hicimos el compromiso de que esos fondos no serían para pagar nuestro salario; era importante crecer y multiplicar Messenger. Había veces en las que los fondos personales que necesitábamos llegaban exactamente el día que eran necesarios. Teníamos dinero en nuestra cuenta de "ventas de recursos de audio", pero habíamos hecho el compromiso de no tocarla.

Después de un año y medio de duro trabajo llegó a mí la palabra de Dios diciéndome que debía escribir. Me preocupaba mucho que no hubiera tiempo suficiente en el día para escribir y cumplir con tantas otras responsabilidades. Parecía arriesgado hacer ese compromiso, pero lo hicimos, y tardé bastante tiempo en escribir el primer libro. Algunos hombres jóvenes se ofrecieron como voluntarios para ayudarnos con esas tareas de poca importancia que me habrían impedido escribir. Vieron una necesidad en nuestra vida y dieron un paso al frente sin que se lo pidiéramos.

Terminé el manuscrito de *Victoria en el desierto* tras un año de trabajo duro y a veces frustrante. Aprendí esta clave importante: *Debemos crecer en la gracia (dones) que hay en nuestra vida.* La mayoría no tenemos unos resultados "fantásticos" al comienzo. La capacidad para escribir ahora está mucho más desarrollada que cuando escribí el primer libro.

Lisa y yo entregamos el manuscrito a un editor muy reconocido. Para mi sorpresa, él lo criticó duramente, diciendo que yo era demasiado joven e inexperto como para llevar un mensaje así al cuerpo de Cristo.

Tras ese golpe de rechazo, Lisa y yo inmediatamente buscamos otro editor. Encontramos uno, y procedió a cambiar casi todo el manuscrito. El manuscrito había perdido mi voz y el fuerte impacto del contenido. Y peor aún, ¡no tenía mucho sentido! Lo había destrozado. Otro golpe más; ¿qué debíamos hacer? Ya había pasado más de un año.

No nos rendimos. Encontramos otra editora, y después de que ella lo leyó, acordamos que habían arruinado el manuscrito original. "John y Lisa —dijo ella— a menudo la mejor solución no es arreglar una chapuza. Den por perdido lo que pagaron al editor y comiencen de nuevo". Ella recomendó que Lisa editara el original y después se lo enviara a ella.

Aceptamos el consejo de la editora, y Lisa pasó horas en el manuscrito original, mejorando la fluidez del mensaje. La nueva editora después tomó la edición terminada de Lisa y comenzó su proceso. Hizo un trabajo fantástico, y sentimos que finalmente teníamos un gran manuscrito.

Se lo entregué a dos editoriales muy reconocidas. Una nunca se puso en contacto con nosotros, pero la otra respondió. Dijeron que mi libro era demasiado "sermoneador", y como yo no era un ministro muy reconocido, no lo iban a publicar. Intenté dárselo a otras editoriales menos conocidas, pero ninguna mostró interés.

Ahora, después de una inversión de trabajo y tiempo de más de un año, parecía que estábamos en un callejón sin salida. Yo estaba desconsolado, pero no estaba dispuesto a rendirme.

En esos tiempos la auto publicación era algo que prácticamente no se conocía. Nadie que tuviera éxito publicando lo había hecho, pero un amigo nos sugirió que lo probáramos. Nos enteramos de que nos costaría unos 12 000 dólares imprimir unos miles de libros, y eso no incluía el costo del material gráfico y la composición tipográfica; y ya habíamos pagado a dos editores.

Esta era una gran suma de dinero para nosotros. Todos los ingresos de Messenger International de 1990 eran de 40 000 dólares. Estábamos comenzando nuestro tercer año como ministerio, y no habíamos ingresado mucho más de lo que habíamos ingresado el primer año. ¡12 000 nos parecía una cifra imposible! Necesitábamos un milagro para poder conseguir esa cantidad de dinero.

Conocimos a una señora que trabajaba como tipógrafa para una pequeña editorial especializada en libros de deportes al aire libre. Ella me escuchó hablar sobre escribir y se acercó a Lisa para ofrecerle sus servicios con la composición tipográfica y la composición de nuestro libro sin cobrarnos nada. Estábamos felices de no tener que pagar miles de dólares por este servicio.

Dios trajo el dinero de forma milagrosa para el resto de lo que necesitábamos para publicarlo nosotros mismos, e imprimimos cinco mil libros de *Victoria en el desierto* (que desde entonces ha sido retitulado como *Dios, ¿dónde estás?*). Nuestra emoción inicial no duró mucho cuando nos dimos cuenta de que no teníamos canales de distribución. Las distribuidoras y librerías no tenían ni idea de quiénes éramos, y en ese entonces estas empresas solo compraban a editoriales establecidas. Nadie estaba interesado en un libro autopublicado.

Añadimos el libro a la serie de casetes de nuestra mesa de recursos y vendimos ejemplares en los sitios donde ministrábamos. Cuando hablaba sobre el tema del desierto, lo vendíamos todo. A la gente le encantaba el mensaje, pero eso es lo más lejos que llegaba.

En oración, Dios me habló sobre escribir otro libro, así que pasé otros nueve meses escribiendo *The Voice of One Crying* (Una voz que clama). Todavía no había editoriales interesadas, así que de nuevo publicamos ese libro nosotros mismos en 1993. Ahora teníamos dos libros en nuestra mesa de recursos, pero ninguno estaba disponible en ningún local de venta al público.

UNA OPORTUNIDAD DE PUERTAS ABIERTAS

Un año después, un amigo mío me llamó y me pidió que almorzáramos juntos. "Quiero que conozcas a un amigo mío", dijo.

Accedí a ir. Supe que era el nuevo líder de la editorial que me había rechazado hacía dos años atrás. El almuerzo fue bien, y el hombre se interesó en lo que Lisa y yo estábamos haciendo. "¿Cuál es el mensaje que ha estado predicando últimamente?", me preguntó.

Comencé a compartir el tema más ardiente en mi corazón. Era un mensaje que hablaba de la importancia de vencer las ofensas y perdonar a quienes nos han herido. Él siguió indagando, y le hablé más del mensaje. Tras quince minutos, dijo: "John, sabe que no podríamos publicarlo porque solo publicamos entre veintidós y veinticuatro libros al año, y esos libros los han escrito autores o ministros muy reconocidos".

Yo le miré, perplejo, y dije: "No estaba intentando convencerle para que lo publicara; usted me preguntó sobre qué predicaba en mis viajes".

Él lo entendió, y se rio. "Es cierto, tiene razón, continúe". Quince minutos después, me interrumpió otra vez: "¿Puede hacerme llegar un manuscrito en menos de tres meses?". Perplejo, respondí: "Pensaba que dijo que no podía publicar más manuscritos". "He cambiado de idea", respondió. "Este mensaje tiene que llegar a la tierra".

La empresa lanzó *La trampa de Satanás* en junio de 1994. Estaba muy emocionado. Dios había abierto una puerta que por mí mismo nunca podría haber abierto. Estaba seguro de que inmediatamente se volvería conocido y se vendería bien; sin embargo, eso no ocurrió en los primeros siete meses. Un mes tras otro recibía la desalentadora cifra de ventas de la editorial. Yo creía en mi corazón que ese mensaje estaba destinado a ir a las masas, a las naciones del mundo. Rehusé deshacerme de esa esperanza, pero todos los indicadores señalaban hacia otra devastadora decepción.

Pocos meses después recibí una llamada de uno de los miembros del equipo de mercadotecnia de la editorial. Ella dijo: "John, hay un programa de entrevistas internacional en directo que quiere que estés en su programa el 16 de enero de 1995. Te darán veinte minutos, pero principalmente quieren que hables sobre ti, Lisa, tus cuatro hijos y tu ministerio itinerante. Sin embargo, están dispuestos a mencionar tu libro. ¿Quieres que lo aceptemos por ti?".

"¡Por supuesto que sí!".

Fui, y era una pareja muy reconocida la que dirigía el programa esa noche. Después de que él me saludó, lo primero que hizo el esposo fue mostrarme *La trampa de Satanás* y preguntarme: "¿Cuál es la trampa de Satanás? ¿De qué se trata este mensaje?".

Me sorprendió que sacara primero este tema, y no el de nuestra familia, pero enseguida procedí a contarle cuál era el contenido del libro. Fue como si todo se frenara en seco en el estudio. Me habían hecho énfasis en que solo tendría veinte minutos. Los presentadores estaban fascinados con lo que yo estaba diciendo y no me interrumpían. La pareja y yo perdimos la noción del tiempo y después supimos que había hablado sin parar durante cuarenta minutos.

El presentador estaba muy impactado. Tenía una de las mayores conferencias de la nación. Una de las primeras cosas que hizo, en directo, fue invitarme a ir y hablar sobre este tema en su conferencia.

Un par de días después, la editorial me informó que todas las librerías de los Estados Unidos habían agotado *La trampa de Satanás* y se habían pedido veinte mil ejemplares. "John, nunca antes habíamos visto esto", dijo él, "y el programa de entrevistas nos ha dicho que nunca habían tenido una respuesta igual". Supe en mi corazón que era algo divino, y confirmaba que este era un mensaje de Dios que estaba ascendiendo.

La trampa de Satanás finalmente se convirtió en un éxito de ventas internacional y ha estado entrando y saliendo de las imprentas durante los últimos veinticinco años. En estos momentos se está acercando a la marca de los dos millones, en papel impreso, libro electrónico y audiolibro. Es irónico mirar atrás para ver cómo se desarrolló todo. La editorial que originalmente me rechazó como autor ahora tiene *La trampa de Satanás* como uno de sus libros de más ventas de todos los tiempos. ¡Dios ciertamente tiene un buen sentido del humor!

Si yo hubiera desobedecido y no hubiera escrito, el mensaje no habría fortalecido a tantas personas. Escribir hizo que el mensaje se multiplicara, ya que el libro estaba llegando sustancialmente a más personas de las que yo podría haber llegado a hablar.

De hecho, esta profunda proliferación no comenzó al escribir el libro. La multiplicación comenzó mucho antes, al permanecer en este rumbo a pesar de los muchos golpes que sufrimos.

Pensé que el proceso de multiplicación para el mensaje de la trampa de Satanás estaba establecido, que continuaría creciendo de forma natural con las ventas del libro y conmigo compartiendo el mensaje en conferencias e iglesias globalmente. Estaba equivocado. Dios estaba a punto de confiarme más.

PARA REFLEXIONAR

1. ¿Tiene usted una actitud que fomenta la multiplicación? ¿O ha cargado más bien con una mentalidad de mantenimiento? ¿Está viviendo cómodamente y dejándose llevar, o continúa retándose a sí mismo?

2. La multiplicación no se lleva a cabo siendo perezoso y pasivo. No solo tenemos que trabajar duro, sino que también debemos

ser entusiastas en nuestro trabajo. ¿Se consideraría usted un buen trabajador? ¿Le entusiasma su trabajo? ¿Se ha relajado cuando ha logrado cierto nivel de éxito, el cual usted consideró suficiente o mejor que la media?

3. Cuando comencé a escribir experimenté frustración, rechazo y desánimo; pero el cambio llegó al mantenerme obediente a lo que Dios me había dicho que hiciera. ¿Cómo está creciendo en la gracia que hay en su vida? ¿Cómo le anima mi historia para superar la frustración y el desánimo?

7

GRAN MULTIPLICACIÓN

Los bendice, y se multiplican en gran manera.
—Salmos 107:38, RVR 60

A menudo Dios usará la frustración o el descontento como un catalizador para avivar nuestra fe para una multiplicación inicial o para el siguiente nivel de multiplicación. Un ejemplo de esto se encuentra en Abram (Abraham). Dios se le apareció cuando tenía setenta y cinco años y le habló en una visión:

No temas, Abram, porque *yo te protegeré*, y *tu recompensa será grande.* (Génesis 15:1)

El Dios Todopoderoso es quien creó y posee toda la tierra, incluidos sus vastos recursos. Él siempre ha existido y nunca cesará. Ningún otro ser se acerca siquiera a su grandeza. Él no tiene vida, sino que *es* vida. Todo conocimiento, sabiduría, tesoros y placeres imperecederos están en Él. No hay nada de valor fuera de Él.

Con esto en mente, este Ser asombroso declara que *protegerá* a Abram y le dará una *gran recompensa.* Hablemos de la *protección* y la *gran recompensa.*

En primer lugar, la *protección*. Imagine si el presidente de los Estados Unidos asignara todas las fuerzas armadas para protegerle a usted. Esto palidece en comparación con lo que dice el Dios Todopoderoso: "Yo te *protegeré*".

¿Y qué hay de la *gran recompensa*? El dueño de todo lo que hay en el planeta y en el universo ¡es quien ofrece la recompensa! La otra realidad asombrosa es que el Creador no envía a un mensajero; acude Él mismo en persona. El Dios Todopoderoso hace esta promesa inimaginable cara a cara. ¿Se imagina la magnitud? ¿Cuál sería nuestra reacción? Pero Abram no está emocionado; ¡en realidad está frustrado!

> Abram le respondió: —Oh Señor Soberano, ¿de qué sirven todas tus bendiciones si ni siquiera tengo un hijo?
>
> (Génesis 15:2)

¿Oye el descontento en su respuesta? Hagamos una pausa en la historia de Abram para aportar claridad. Años después, cuando los israelitas vagaban por el desierto, su descontento se derivaba del descontento personal, el cual, tristemente, les costó su destino. Sin embargo, el apóstol Pablo proyectó su propia buena actitud al decir:

> Porque he aprendido a estar contento con lo que tengo. Sé vivir con casi nada o con todo lo necesario. He aprendido el secreto de vivir en cualquier situación, sea con el estómago lleno o vacío, con mucho o con poco. (Filipenses 4:11-12)

Tanto en Pablo como en Abram, Dios encontró a alguien dispuesto a aceptar las dificultades y mirar más allá de sí mismo. Su insatisfacción no era personal, más bien estaba enfocada en otros.

Esta es una buena regla general: si el descontento se deriva de lo que me falta personalmente, eso es algo que desagrada a Dios. Por el contrario, si el descontento se enfoca en las necesidades de otros y la edificación del reino, eso sí agrada a Dios. *La insatisfacción se convierte en el catalizador para multiplicar.*

He aprendido que este descontento es un trampolín para aumentar la eficacia. Mientras más sirvo a Dios, más he llegado a entender que uno de los frutos genuinos de un verdadero creyente es una profunda pasión por impactar a otros para el reino. ¡No menosprecie el descontento por el nivel de su impacto! Suele ser la forma que Dios tiene de avivar su fe para que crea que llegará la multiplicación divina.

MI DESCONTENTO

Una vez que despegó el libro *La trampa de Satanás*, no solo en los Estados Unidos sino también en otras naciones, usted pensaría que yo ya estaría satisfecho. No lo estaba. Comencé a luchar con el descontento a otro nivel.

Entonces era orador en iglesias y conferencias mucho más grandes, pero mi frustración provenía de la incapacidad de poder comunicar todo el mensaje en una sola reunión. El tiempo que me dan para un mensaje en la mayoría de las iglesias o conferencias es de treinta y cinco a cuarenta y cinco minutos. Así que cuando hablaba sobre *La trampa de Satanás*, podía cubrir un capítulo, o un capítulo y medio como mucho. Eso significaba que el noventa por ciento del mensaje no llegaba a la gente a menos que compraran el libro y lo leyeran. Eso es aproximadamente una quinta parte de la audiencia.

De esta frustración, me llegó una idea cuatro o cinco años después de publicar el libro: ¿por qué no crear un temario/estudio del libro? Podría enseñar doce lecciones en un video de treinta minutos y cubrir las verdades fundamentales de cada capítulo. Las personas, ya fuera en grupos o individualmente, podrían recibir todo el mensaje, no solo leyéndolo, sino también viéndolo y oyéndolo. Esto también aumentaría la eficacia del mensaje. Podríamos crear preguntas de discusión para grupos o individuos que darían al Espíritu Santo la oportunidad de ahondar más y hacer que el mensaje fuera más aplicable a cada persona.

Lo hablé con nuestro equipo. Uno de los miembros sugirió buscar una empresa educativa que creara un manual devocional para el estudiante, junto con un manual para el líder que complementara los doce videos. Una vez que teníamos el temario/estudio listo para usar, reasignamos a dos miembros del equipo para trabajar a tiempo completo haciendo llamadas telefónicas a cada iglesia en la que hubiéramos estado durante los últimos diez años, e informaran a sus líderes sobre el temario/estudio.

Tras un corto periodo de tiempo, las iglesias comenzaron a ponerse en contacto con nosotros para decirnos que su asistencia estaba aumentando, o bien en los grupos pequeños o en sus reuniones de domingo. Oímos reportes de iglesias que duplicaron e incluso triplicaron su asistencia.

En pocos años, teníamos a miles de iglesias involucradas: más de veinte mil iglesias en los Estados Unidos y más de mil iglesias en Australia. Nuestro departamento de relaciones con iglesias creció hasta tener siete personas a tiempo completo. Seguían llegando a la oficina testimonios de vidas, familias e iglesias cambiadas.

Durante los años siguientes, hicimos un temario/estudio para cada libro importante que lanzaba nuestro ministerio. En doce años teníamos más de diez temarios que se estaban usando en iglesias en todos los Estados Unidos y Australia.

"HAS SIDO FIEL"

¡Estábamos llenos de gratitud! El número de libros vendidos ahora se contaba por millones, el temario/estudio por cientos de miles, pero yo aún batallaba con la insatisfacción. Sabía que estos mensajes eran para el cuerpo de Cristo y estaban dando mucho fruto, pero aún había muchos creyentes que necesitaban las verdades que contenían.

Le pedí a Dios que me concediera el privilegio de repartir más libros de los que se estaban vendiendo. Sabía que había pastores, líderes y creyentes en todo el mundo que no tenían los recursos ni aun la posibilidad de comprar libros. Había millones en iglesias clandestinas cuyas naciones no autorizaban la venta de libros cristianos. Había incluso más en naciones que no tenían los recursos para importar libros.

Contactar con esos pastores y líderes parecía una tarea imposible; comenzamos respondiendo a cualquiera que viniera ante nosotros. Le dijimos a nuestro director internacional que, si algún grupo de líderes en una nación en desarrollo o perseguida necesitaba libros, les enviaríamos todos los que necesitaran como regalos o que lo organizaríamos para pagar el costo de impresión de los libros en su nación.

Mi frustración seguía aumentando porque solo podíamos hacer una parte diminuta: entre diez mil y veinte mil libros al año. Esta cifra parecía como una gota de agua en el cubo, pero seguimos año tras año, aprovechando cualquier oportunidad que se nos presentaba.

Entonces llegó el Día de los Caídos en 2010 (31 de mayo). Tomé mi Biblia y me fui al sótano, ya que sentía la urgencia de leer el libro de Daniel. Mientras estaba leyendo el segundo capítulo, de repente el Espíritu de Dios llenó el sótano y oí estas palabras en mi corazón: "Hijo, *has sido fiel* con el mundo de habla inglesa. Ahora quiero que pongas tus mensajes en manos de cada pastor y líder del mundo".

La presencia de Dios se quedó varios minutos. Con asombro y maravilla, me quedé quieto hasta que se fue. Ese día supe que había ocurrido un cambio. Ahora teníamos una comisión divina: buscaríamos de forma intencional pastores y líderes en necesidad, al margen de cuál fuera su nación, idioma o posición económica.

Lo que captó mi atención en este encuentro con el Espíritu Santo fue el uso de la palabra *fiel*. En ese tiempo, yo no asociaba "fiel" con "multiplicación". Las palabras del Espíritu para mí en el sótano fueron el principio de la apertura de mi corazón a entenderlo de este modo. Sabía que había oído de Dios, pero seguí preguntándome cómo podría nuestro ministerio llevar a cabo una tarea tan descomunal.

Durante este periodo de tiempo teníamos un amigo de toda la vida, Rob Birkbeck, que trabajaba para el gran ministerio internacional de un famoso evangelista. Rob era el director de ese ministerio y una de sus responsabilidades era imprimir y distribuir los libros del evangelista, de modo que Rob estaba muy bien conectado con las editoriales y las redes pastorales en casi todas las naciones del mundo. Rob acababa de dejar su puesto debido a la jubilación del evangelista. Lisa y yo invitamos a Rob y a su esposa, Vanessa, a que se unieran a nuestro equipo, ya que hacía poco que habíamos perdido a nuestro director internacional. Ninguno nos dimos cuenta del impacto que tendría esta asociación.

Era enero de 2011, y Rob y Vanessa, junto a los principales líderes de nuestro ministerio, nos reunimos en nuestra sala de conferencias. En el transcurso de la reunión pregunté: "¿Cuántos libros dimos a pastores y líderes en otras naciones el año pasado?".

Uno de los miembros del equipo miró el resumen del año y respondió: "Treinta y tres mil libros". Él pensó que oiría una respuesta favorable, pero fue todo lo contrario. Mi frustración se mostró en mis palabras: "¡Eso es patético!". Después, espeté: "Este año daremos 250 000 libros a pastores y líderes en naciones en desarrollo y perseguidas".

Toda la sala se quedó muda. Finalmente, nuestro jefe de operaciones, (nuestro hijo mayor) habló primero. "Papá", dijo Addison, "¿estás seguro de que quieres regalar tantos?".

"Sí, lo haremos", respondí de todo corazón.

Él continuó desafiándome y finalmente dijo: "¡No quiero darle a nuestro equipo una meta poco realista!". Procedí a golpear la mesa con mi puño y dije con firmeza: "Dije que vamos a dar 250 000 libros este año". La sala se quedó en silencio. Poco después la reunión se suspendió, y todos salimos sintiéndonos incómodos.

A la mañana siguiente cuando estábamos solos, mi hijo me hizo pacíficamente una última apelación: "Papá, ¿podrías orar por esto durante veinticuatro horas? Si después de eso sigues creyendo que deberíamos enviar 250 000 libros, nuestro equipo pondrá todo su empeño para que suceda".

"Claro, lo haré", respondí.

Sinceramente, ¡no oré mucho por ello! Hice una oración poco entusiasta para cumplir mi palabra, pero ya sabía, por mi encuentro en el sótano, que eso era lo que teníamos que hacer.

Quizá usted se pregunte: "¿Estaba nervioso?". Claro que sí. ¡Estaba al límite del terror! Me frené para no ir por el camino mental de considerar de dónde llegarían las finanzas. La meta de un cuarto de millón de libros parecía imposible, pero estaba decidido a obedecer la directriz que había recibido. Sabía que de algún modo llegaría alguna estrategia creativa o habría un milagro de provisión. Poco me imaginaba yo que sucedería no solo una de estas opciones, sino las dos.

Tres semanas después, estaba en la habitación de un hotel en Florida escribiendo un nuevo libro. Nuestro equipo sabe que no debe llamarme en la mañana cuando estoy escribiendo, ya que es el periodo en el que mejor me concentro. Sonó mi teléfono celular y vi en el identificador de llamadas que era de la oficina. Respondí porque sabía que debía ser algo urgente o importante. Oí una atmósfera de grupo jovial al otro lado. Las mismas personas que habían estado en la reunión de intensa confrontación hacía tres semanas atrás estaban ahora en la habitación, y parecían estar celebrando y riendo.

Addison dijo: "Papá, no hemos enviado un comunicado oficial a nuestros socios financieros sobre la iniciativa de dar 250 000 libros, pero uno de los miembros de nuestro equipo estaba hablando con un hombre al que conoce, y cuando se enteró de nuestro plan, ¡se comprometió a donar 300 000 dólares para este proyecto!".

Hasta ese momento, el mayor donativo que nuestro ministerio había recibido de un individuo era de 50 000 dólares. Les dije a todos: "¿Ahora entienden por qué fui tan insistente en esa reunión hace tres semanas atrás?".

Mi hijo se rio y dijo rápidamente: "Papá, si nos dices que demos un millón de libros, estoy totalmente de acuerdo". Los otros asintieron de todo corazón.

Nunca olvidaré aquella mañana. Colgué el teléfono y no pude seguir escribiendo. Lo único que podía hacer era recorrer el piso de la habitación del hotel diciendo: "¡Gracias! ¡Gracias! ¡Gracias!". Durante todo el tiempo corrían lágrimas por mi rostro. Estoy muy agradecido de que Addison fuera sincero y me desafiara. Todo el drama nos hizo enfrentarnos con los temores amenazadores, a los que si les hubiéramos prestado atención probablemente nos habrían hecho cambiar el rumbo y quedarnos dentro de nuestros propios recursos.

Fijamos una meta y el Espíritu Santo la oyó, y después movió el corazón de aquel hombre para dar un donativo extraordinario. Como equipo, crecimos a un nuevo nivel de fe.

Ese año, por la gracia de Dios, pudimos dar 271 000 libros a pastores y líderes en cuarenta y ocho naciones. Algunas de las naciones fueron Irán, Irak, Líbano, Uzbekistán, Kazajistán, Turkmenistán, Croacia, Albania, Egipto, Vietnam, Birmania, Camboya, China, Mongolia, Turquía, numerosas naciones africanas necesitadas, y más. En años anteriores habíamos dado decenas de miles; ahora alcanzó más de un cuarto de millón. La eficacia de nuestro alcance creció hasta ser de ocho veces más. ¡Gloria a Dios! ¡Eso es multiplicación!

MÁS INSATISFACCIÓN

En mayo de 2011, Rob y yo estábamos en Beirut, Líbano, ministrando a pastores y líderes que habían viajado desde todo el Medio Oriente. En medio de las reuniones, Rob se acercó a mí con una petición: "Hay un pastor aquí de Erbil, Irak, al que le encantaría pasar un ratito contigo. ¿Te gustaría reunirte con él?".

"¡Claro que sí!".

Rob arregló una reunión para vernos en el vestíbulo del hotel. El pastor era joven, de unos treinta y cinco años, y sus ojos ardían de pasión y deseo. Podía ver que se tomaba en serio la edificación del reino. Estaba vestido para una reunión, ¡y su lámpara estaba encendida! Había viajado desde Erbil por una razón: ser fortalecido con la enseñanza y las reuniones. Pude ver inmediatamente que era un líder progresista e innovador, que entendía la importancia de ser relevante para los perdidos.

Nuestra reunión comenzó relajadamente con una cómoda interacción, pero finalmente nuestra conversación se tornó más seria, y en cierto punto él dijo: "Pastor Bevere, yo lo veo a usted como un padre espiritual. Leo todo lo que escribe" (había pocos libros traducidos a su idioma, pero él sabía leer en inglés). "Incluso uso mi tarjeta de crédito para descargar sus materiales de la página web de Messenger International…".

En ese momento, desconecté. Sinceramente, no recuerdo mucho de lo que seguimos hablando. Mi mente gritaba: *Estoy mirando a un pastor de la nación de Irak, devastada y asolada por la guerra, ¿y tiene que usar su tarjeta de crédito para conseguir materiales de nuestra página web?* No podía esperar a estar a solas con el Señor para tratar esta necesidad crónica.

Después de despedirnos, me fui directamente a mi habitación y cerré la puerta. Estaba muy frustrado, y grité: "Dios, tienes que mostrarme cómo hacer llegar los mensajes que nos has confiado, a los pastores y líderes de este mundo que los necesitan". No muchos días después de este intenso tiempo de oración, me llegó una idea para una estrategia que haría que nuestro alcance fuera más eficaz, muchas veces más; de hecho, exponencialmente más eficaz, sin mucho trabajo o gasto añadidos.

Era una idea brillante… y solo podía ser la sabiduría de Dios. Algo muy sencillo, pero que no habíamos considerado. ¡Siga leyendo!

PARA REFLEXIONAR

1. La frustración o el descontento pueden actuar a menudo como un catalizador para avivar nuestra fe para la multiplicación. ¿Le

está retando Dios a crecer en algún área de su vida? Si es así, ¿cómo está respondiendo a sus impulsos?

2. Si el descontento está derivado de lo que le falta personalmente, eso no agrada a Dios. Por otro lado, si el descontento se enfoca en las necesidades de otros y la edificación del reino, es agradable a Dios. ¿Cuál ha sido el enfoque de su descontento?

3. Piense en mi historia de repartir 250 000 libros. ¿Por qué la fe es vital para aferrarnos a las promesas de Dios y llegar a nuevos niveles de multiplicación? ¿Por qué es importante que obedezca a Dios, incluso cuando otros no estén de acuerdo con usted?

8

IDEAS ESTRATÉGICAS

Si no saben lo que están haciendo, oren al Padre. A Él le
encanta ayudar.
—Santiago 1:5, MSG

Con el paso de cada año me convenzo cada vez más del tremendo valor de una *idea estratégica inspirada*. A menudo, queremos que llegue la provisión o la intervención de Dios sin un plan táctico, pero por lo general no es eso lo que ocurre. ¡Lo que llega son ideas estratégicas inducidas por Dios! Hay demasiadas ilustraciones bíblicas para enumerarlas, pero mencionemos solo unas cuantas para apoyar esta realidad:

+ La *idea estratégica* de lanzar un trozo de madera a las aguas amargas para que millones de personas pudieran beber (ver Éxodo 15:22-25).

+ Una *idea inspirada* distinta de golpear una roca, proveyendo así agua para millones (ver Éxodo 17:5-6).

+ La *idea estratégica* de marchar una vez en silencio alrededor de las impenetrables murallas de una poderosa ciudad durante seis días. Después, al séptimo día una *idea estratégica* distinta:

marchar siete veces alrededor soplando los cuernos y finalmente dando un gran grito. Todo esto para entrar y conquistar la ciudad (ver Josué 6).

+ La *idea estratégica* de identificar a los principales guerreros de un ejército haciendo que decenas de miles bebieran agua de un arroyo y después separar a los que miraron hacia abajo de los que mantuvieron sus ojos en el campo de batalla (ver Jueces 7:4-6).

+ La *idea estratégica* de no atacar a un enemigo de frente, sino rodearlo por detrás en el bosque y esperar a oír la marcha de las tropas sobre los álamos, señalando la ayuda del Señor en la batalla (ver 2 Samuel 5:22-25).

+ La *idea estratégica*, en medio de una gran hambruna, de pedir a una viuda y a su hijo que alimentaran al profeta con su última comida, en lugar de comérsela ellos; al obedecer, ellos no murieron de hambre como les sucedió a muchas otras familias (ver 1 Reyes 17:8-15).

+ La *idea estratégica* de preguntarle a una viuda con deudas, que estaba a punto de perder a sus dos hijos, qué tenía en su casa. Después decirle que pidiera prestadas tinajas a otras personas para verter en ellas su única posesión: una pequeña cantidad de aceite de oliva, a fin de llenar las tinajas; después vender el aceite y pagar las deudas (ver 2 Reyes 4:1-7).

+ La *idea estratégica* de enviar a un oficial militar con una enfermedad a sumergirse en el río Jordán siete veces, resultando en su sanidad completa (ver 2 Reyes 5:1-19).

+ La *idea estratégica* de enviar al equipo de alabanza y adoración por delante de las tropas militares, lo cual produjo una victoria fenomenal (ver 2 Crónicas 20:21-26).

+ La *idea estratégica* de comer verduras, en lugar de la rica comida del rey, para estar más saludables, mejor nutridos, y destacar entre los hombres jóvenes mejores de la tierra (ver Daniel 1:8-16).

+ La *idea estratégica* de usar las tinajas que había para el agua y agua fresca para obtener el mejor vino para salvar el banquete de una boda (ver Juan 2:6-10).

+ La *idea estratégica* de tomar un pequeño almuerzo, bendecirlo, partirlo y distribuirlo, para alimentar a miles de personas (ver Mateo 14:13-21).

+ La *idea estratégica* de escupir y hacer barro y untárselo en los ojos a un ciego. Después decirle que fuera a lavarse para recuperar su vista (ver Juan 9:6-7).

+ La *idea estratégica* de no dejar un barco que se hundía para salvarse (ver Hechos 27:21-44).

En cada caso, las ideas inspiradas condujeron a una intervención divina. ¿Ve usted algún hilo conductor común en cada evento? Las estrategias implicaron usar lo que los receptores ya tenían, como un recurso disponible o una reubicación de ellos mismos. En cada caso, la provisión divina estaba envuelta en lo familiar. En otras palabras, el componente clave que condujo al milagro no apareció de forma mágica.

Dios a menudo da estrategias usando lo ordinario, de una forma poco ordinaria, para conseguir resultados extraordinarios. Esto destaca la importancia de una idea inspirada. Se nos dice: "¡Adquirir sabiduría es lo más sabio que puedes hacer!" (Proverbios 4:7). Una forma de sabiduría divina es una idea estratégica, y la buena noticia es que Dios no retiene la sabiduría. Cuando enfrentamos desafíos poco comunes, el apóstol Santiago nos dice:

> Si necesitan sabiduría [una idea estratégica], pídansela a nuestro generoso Dios, y él se la dará; no los reprenderá por pedirla. (Santiago 1:5, la aclaración entre corchetes es del autor)

Él se lo dirá claramente, sin retenerla ni esconderla. Esta es su promesa. Sin embargo, hay dos condiciones que se deben cumplir para recibir una idea estratégica inspirada:

> Tan solo asegúrense de pedir empoderados por la *fe*, sin dudar que lo recibirán. Porque la persona ambivalente cree algo y al minuto duda de ello. Ser *indeciso* hace que uno sea como las olas del mar que son llevadas de acá para allá por el viento. Está arriba y al minuto está abajo. Cuando esa persona es *poco entusiasta y vacila*, se vuelve inestable. ¿Realmente puede esperar recibir algo del Señor cuando está en esa condición?
>
> (Santiago 1:6-8, TPT)

Debemos pedir con *fe*. No *esperamos* recibir una idea táctica, sino que la anticipamos con toda seguridad. Además, debemos poseer una pasión por nuestra petición: debemos *quererla desesperadamente*. Nuestra petición no viene de una actitud aletargada y mediocre, del tipo: *Si lo recibo está bien; si no, no pasa nada*. Hay un sentimiento de desesperación y una firme determinación de recibir.

La *idea estratégica* es un regalo de Dios, y una vez recibida nos abrirá para ir a otra esfera de eficacia. Nos empodera para multiplicar.

UNA IDEA ESTRATÉGICA E INSPIRADA

Volviendo al hotel en Beirut, yo no me fui a mi habitación a orar en quietud; no podía. Estaba desesperado, sin ideas, y sabía que me habían confiado la responsabilidad de abastecer a estos pastores necesitados y hambrientos. No suelo gritar en las habitaciones de los hoteles, pero sinceramente, ese día no me importaba quién me oyera. Fue un clamor desesperado por recibir la *estrategia* (sabiduría) para multiplicar nuestra eficacia.

Tras un tiempo de oración intensa, la paz llenó mi corazón. Supe que mi petición había sido escuchada, y al experimentar alivio, ahora creía que la respuesta llegaría. El agradecimiento brotaba desde mi interior, incluso aunque aún no tenía una *idea estratégica* o un *plan*.

Pocos días después tuve un pensamiento: *Estamos empleando mucho tiempo, dinero y energías imprimiendo y distribuyendo estos libros, pero cada líder solo está recibiendo un artículo. ¿Por qué no hacer lo que hicimos en inglés hace años atrás? ¿Por qué no poner a disposición también el temario completo en otros idiomas para los líderes? ¡Aumentaremos toda nuestra eficacia!*

Pero aún quedaba un desafío enorme; ¿cómo podemos imprimir y distribuir tanto material? Después de más oración y meditación, surgió otra idea de poner todo el temario en un DVD-ROM (un disco DVD que contiene información "solo de lectura" para un sistema informático). Pero este plan también suscitaba interrogantes: los pastores y líderes de esas naciones, ¿tienen la capacidad de tener una computadora? Si la tienen, ¿podrían leer sus computadoras un DVD-ROM? En un plano totalmente distinto: ¿hay suficiente espacio en un DVD-ROM para contener todos los datos necesarios para un estudio completo?

Estaba deseoso de investigarlo, así que me acerqué a Rob. Él era la persona con más conocimiento de las capacidades técnicas de las naciones que teníamos como meta, ya que había estado en más de 160 países. Le pregunté: "Los pastores y líderes en la mayoría de estas naciones, aunque sean pobres, ¿pueden usar computadoras?".

"La mayoría de ellos sí, pero hay algunos pocos que no".

"¿Pueden sus computadoras leer un DVD-ROM? Y si pueden, ¿cuánto material podríamos incluir en un DVD-ROM?".

Rob se animó y dijo: "Sí. Y para la segunda pregunta, sin pensarlo mucho, ¡yo diría que bastante!".

Entonces le lancé la idea: "¿Podríamos poner un bolsillo en la contraportada del libro que contenga un DVD-ROM?".

"¡Sí!", afirmó con entusiasmo.

"¿Cuánto más costará hacer todo esto por cada libro?".

Rob hizo la investigación y regresó a mí después de unos días: "Tengo magníficas noticias. Viendo nuestro costo promedio para imprimir y distribuir un libro, solo costaría otro 5 por ciento más añadir el DVD-ROM".

Yo estaba emocionado, pero aún tenía algunas reservas, inseguro de cuánta información podría ir en un disco.

"Pero esta es la magnífica noticia", dijo Rob. "¡Podemos poner no solo todo el temario en el disco, sino también el audiolibro, otros dos o tres libros, un Nuevo Testamento, ¡y un archivo PDF (para imprimir más libros si el pastor local tenía la capacidad de hacerlo)!".

Esto condujo a otra *idea estratégica*. De nuevo, estaba condicionada por las capacidades técnicas de las naciones que eran el objetivo. Pregunté: "En estas naciones, ¿tiene acceso a Internet la mayoría?".

"En la mayoría de las naciones, sí", respondió Rob.

"¿Qué pasaría si desarrollamos una página web que contenga todos estos recursos traducidos? Pongámosle un nombre que no destaque como una página web cristiana; de esta forma, los gobiernos que prohíben las enseñanzas bíblicas no la bloquearán. Podemos imprimir el sitio de la página web en la portada del libro y decirle al pastor/líder que anime a su gente a descargar todos estos recursos de la página web a costo cero para que toda la iglesia pueda estudiarlos juntos".

Tras terminar toda la diligencia debida, decidimos que, debido a las grandes cantidades, podíamos fabricar y distribuir estos "kits de liderazgo" aproximadamente por cuatro dólares cada uno. Nuestro equipo de Messenger tenía la capacidad y la sabiduría para desarrollar la página web.

Nuestro equipo enseguida se dio cuenta de que esta idea procedente del cielo nos daba el potencial de enseñar, entrenar y fortalecer a congregaciones enteras o grupos pequeños, y no solo a líderes individuales. Muchas pequeñas aldeas por todo el mundo solo tienen una iglesia, lo cual significa que éramos capaces de impactar en gran manera a la comunidad con solo unos dólares. ¡Qué gran beneficio para esta inversión! ¿Realmente sería posible?

En la siguiente reunión de jefes de departamento de Messenger, compartimos la visión. El entusiasmo se contagió; cada miembro del equipo se mostraba lleno de gozo y vigorizado por el plan. Yo dije apasionadamente: "No importa si tardamos diez años, veinte años o cualquier cantidad de años, pero vamos a alcanzar y ayudar a cada líder del planeta con los recursos que Dios nos ha confiado".

Un mes después, un empresario de Texas llamó a nuestras oficinas. Solicitó una reunión de quince minutos con Lisa y conmigo. Él y su esposa volaron a Colorado. Durante nuestra reunión, él comenzó a llorar. Entre lágrimas y temblando, dijo: "¡Sé lo que están haciendo! Sé que están fortaleciendo a pastores en lugares remotos con sus recursos. Quiero ser parte de esto". Entonces puso un cheque sobre la mesa. Casi me caigo de la silla; era de un importe de 750 000 dólares.

Durante los meses siguientes desarrollamos la página web y trabajamos diligentemente para implementar el plan del "paquete de liderazgo" en los distintos países y regiones del mundo. Pusimos un costo único para cada traducción de los materiales del libro, el temario correspondiente y libros extra que irían en el DVD-ROM. Rob contrató y dirigió equipos de los mejores traductores para los numerosos idiomas. Las dos generosas donaciones, que sumaban más de un millón de dólares, cubrían el capital necesario para nuestro primer año.

LA IDEA DE FORMAR UN EQUIPO

Necesitábamos un plan para comunicar la visión, y después formar un equipo enorme de hombres y mujeres que aportaran su don de dar para sostener este esfuerzo masivo. Esto haría que pudiéramos dar recursos a cada pastor y líder, al margen de cuál fuera su idioma, ubicación o posición económica.

Tras varias mañanas de oración, el Espíritu Santo susurró en mi corazón: "Hijo, eres muy conocido por tu amor por el golf. Úsalo para reunir. Yo atraeré a los hombres y las mujeres correctos para que se unan al equipo y apoyen la misión". Mis pensamientos fueron de inmediato al hecho de que tenemos uno de los hoteles más bonitos de la nación en Colorado Springs: The Broadmoor, que resulta que tiene dos campos de golf donde se celebran campeonatos. Así que me acerqué a Addison y Lisa con el plan.

Ellos escucharon, y después preguntaron: "¿Cuándo lo hacemos?".

"Hagámoslo este verano", respondí yo.

Nos preocupaba que no hubiera tiempo suficiente para organizarlo. ¿Habría habitaciones suficientes disponibles en el hotel, que resulta ser el hotel de cinco estrellas y cinco diamantes más longevo del mundo? Por lo general se llena con años de antelación, y estábamos apuntando a la época de ocupación más alta. La otra preocupación: nuestros posibles invitados ¿tendrían ya sus planes hechos para este verano?

Mi hijo tomó las riendas y en un par de días regresó con la información: "Papá, tienen casi todo lleno este verano, salvo una semana. Podemos reservar aproximadamente cien habitaciones, y resulta que tanto mamá como tú están en casa esa semana".

"¡Reservémoslo!", dije sin dudarlo.

Él me advirtió: "Tenemos que firmar un contrato; nos estamos comprometiendo. ¿Podremos llenar las habitaciones?".

De nuevo, dije: "Las habitaciones se llenarán". No quería pensar demasiado en ello; no quería razonar para no desechar el plan.

Sabía que había muchas iglesias y hombres de negocios en los Estados Unidos a los que les encantaría apoyar este esfuerzo. Llamé a todos los que me vinieron a la mente, y en un par de meses teníamos parejas suficientes para llenar las habitaciones que habíamos reservado.

Para planificar el torneo, nuestro equipo decidió no hacer solo un torneo de golf, sino un evento más amplio, una experiencia memorable. Decidimos que todo lo haríamos con excelencia y propósito para hacer que la experiencia fuera especialmente divertida para los cónyuges que no jugaban al golf. Lisa tendría reuniones especiales con las mujeres. A su llegada, les daríamos unas bonitas cestas llenas de aperitivos y regalos a cada pareja. Habría comidas espectaculares, experiencias especiales únicas del Broadmoor, sesiones de liderazgo y premios de mucha calidad para todos los participantes, todo esto para expresarles la gratitud por unirse al equipo.

Nuestra primera Copa Messenger se celebró a finales de junio de 2011. Antes del evento llamé a deportistas profesionales y músicos muy conocidos y les pedí si podrían donar artículos firmados. También conseguimos que otros hombres de negocios dieran artículos o experiencias valiosas. Subastamos estas aportaciones durante el banquete. Recaudamos algo más de 340 000 dólares en nuestro primer torneo, pero aún no habíamos conectado con la mejor estrategia para compartir la visión.

Ese otoño, uno de los miembros de nuestro equipo tuvo otra idea inspirada. Mientras hacíamos planes para el segundo torneo anual en el verano de 2012, dijo: "Estamos subastando una bola de béisbol firmada, un casco de fútbol americano, una guitarra firmada, y cosas parecidas. Al subastar estos artículos, no estamos financiando el total de los materiales para una sola nación. No subastemos un artículo; subastemos una nación. El valor de una nación es mucho mayor".

A todos nos encantó la idea, ¡pero se puso incluso mejor! Él continuó: "Tenemos personas muy competitivas que participan en este evento, así que podríamos crear un marcador, y al financiar naciones, lo que den se acumulará en el marcador y le daremos la pelota, la guitarra y otros premios a los que más naciones hayan patrocinado".

Las ideas creativas siguieron fluyendo. En un momento, yo protesté: "No me gusta nada alargar las subastas. Incluyamos un reloj, pongamos una breve cantidad de tiempo en ese reloj, digamos treinta y cinco minutos, y diremos a los participantes que cuando se acabe el tiempo, terminamos la subasta. La nación cuyo proyecto no esté patrocinado se quedará fuera. Eso creará una gran sensación de urgencia".

En este punto, permítame definir brevemente lo que es un *proyecto*. Conlleva dos cosas: primero, el gasto de traducir e interpretar todos los componentes impresos, de audio y video de un paquete para líder, lo cual cuesta aproximadamente 17 500 dólares por idioma. Lo segundo es el costo de fabricar y distribuir los libros o los paquetes para líder a una nación. Cada país tiene un número de líderes que oscila entre 500 y 40 000 líderes. La media de la mayoría de las naciones está entre 5000 y 10 000 líderes, con un gasto medio de entre 20 000 y 40 000 dólares.

Ese año durante la subasta, fuimos testigos de cómo los fondos prometidos se duplicaron con respecto al año anterior. Con el tiempo del reloj, más de cincuenta proyectos se financiaron por completo. El ímpetu creció, y un año después, en la tercera Copa Messenger, recaudamos más de un millón trescientos mil dólares para financiar muchos más proyectos.

Cada año el clamor por recursos creció. Más naciones enviaban delegados a Rob, rogándole que su gente recibiera los recursos. Finalmente, el número de proyectos superó la marca de los cien, y en la sexta Copa Messenger había más de 140 proyectos y más de 2 millones de dólares recaudados. En el noveno año alcanzamos los 3 millones de dólares de recaudación, ¡para financiar cerca de 200 proyectos!

Cuando se publicó este libro, a finales de 2020, el equipo de la Copa Messenger había dado más de 30 millones de recursos a pastores y líderes en más de 100 naciones en más de 120 idiomas.

Ha llegado a ser evidente, tras muchos años en nuestro ministerio, que la forma más eficaz de transformar una aldea o ciudad no es construyendo el edificio de una iglesia. Somos mucho más eficaces si les damos a los líderes espirituales el conocimiento para que empoderen a su gente para influenciar su aldea o ciudad. Tal conocimiento ayuda a producir la fe necesaria para crecer y sostener la obra, la cual, si es necesario, incluirá edificios y otros recursos.

Al unirnos, tenemos la posibilidad de hacer mucho más de lo que podríamos hacer nosotros solos. Este esfuerzo verdaderamente ejemplifica las palabras: "¡Cinco de ustedes perseguirán a cien, y cien de ustedes perseguirán a diez mil!" (Levítico 26:8). Nuestra llamada a la convocatoria se centra en esta parábola de Jesús:

«Cuando ofrezcas un almuerzo o des un banquete –le dijo–, no invites a tus amigos, hermanos, parientes y vecinos ricos. Pues ellos también te invitarán a ti, y esa será tu única recompensa. Al contrario, invita al pobre, al lisiado, al cojo y al ciego. Luego, en la resurrección de los justos, Dios te recompensará por invitar *a los que no podían devolverte el favor*».

(Lucas 14:12-14)

Los líderes a los que hemos alimentado quizá no sean lisiados, cojos o ciegos, pero lo que nos identifica con esta parábola es que *no pueden devolvernos el favor*. Todos los miembros del equipo, dadores en el mercado laboral, líderes de iglesias y nuestra plantilla de Messenger, entienden que tenemos un gran privilegio: dar sin esperar ninguna compensación a cambio, de aquellos a los que hemos ayudado.

Hace unos años, Lisa y yo viajamos a la ciudad de Ereván, en Armenia, donde miles de líderes de todo el Oriente Medio habían acudido para una conferencia. Mientras estábamos allí, en un auditorio aparte reunimos a pastores de Irán, Afganistán, Siria y naciones similares. En un momento dije: "Ustedes nos ven a Lisa y a mí como los héroes. No, no son John y Lisa Bevere, sino los empresarios y las iglesias que han donado millones de dólares para bendecirlos a ustedes con recursos. Ellos son los verdaderos héroes". En ese punto, todos nos quebrantamos y lloramos.

Después de la reunión, un pastor iraní preguntó: "¿Cómo puede dar la gente una cantidad de dinero tan grande a personas a las que nunca han conocido?".

Mi respuesta pareció demasiado simplista, pero era la verdad: "Es el amor de Dios en sus corazones". De nuevo, las lágrimas fluyeron.

MULTIPLICACIÓN INCLUSO MAYOR

En el año 2019 nos dimos cuenta de que nuestra página web interna para distribuir los recursos tenía limitaciones. Ahora le faltaba ingenio y era muy complicado navegar por ella en los teléfonos inteligentes. Lisa, muchos de los miembros de nuestro equipo, y yo habíamos viajado a muchas naciones pobres y en problemas. No pudimos evitar darnos cuenta de que, aunque la gente vivía en tiendas, casas de barro o chabolas de madera, la mayoría tenía algún tipo de teléfono inteligente.

Tras numerosos viajes fue obvio que pronto, si no ya, sería posible alcanzar a todos los habitantes del planeta vía comunicación online. Entre otros, yo sentía que de nuevo estábamos experimentando un momento en la historia del tipo "calzadas romanas".

La Biblia dice que "en el tiempo establecido, Dios envió a su Hijo" (Gálatas 4:4). Un elemento importante del "tiempo establecido" nos dice que el evangelio llegará a todo el mundo conocido.

Creo que el tiempo establecido ha llegado de nuevo para preparar la segunda venida de Jesús: el Internet es la calzada romana de nuestro tiempo. Tenemos la capacidad de difundir la Palabra de Dios a todo el mundo con el propósito de hacer discípulos a todas las naciones.

Sabiendo esto, nuestro equipo comenzó de nuevo a orar, soñar y trazar estrategias. Tras meses de investigación, contratamos a una de las mejores empresas de desarrollo de app y web de los Estados Unidos y construimos una plataforma de discipulado con mucha potencia, multifuncional y fácil de usar para iPhone, Android, tabletas y computadoras. Nos propusimos construir la mejor plataforma posible con la tecnología actual. La impactante realidad es que hemos rastreado a millones de usuarios de 227 naciones y territorios que están aprendiendo de los libros, cursos y otras herramientas de discipulado que hay disponibles en la plataforma.

Según pasaba el tiempo, pensamos en formas adicionales de multiplicar. Para expandir y fortalecer la eficacia de la plataforma, decidimos incorporar a la plataforma, como invitados, a otros maestros notables con mensajes únicos y transformadores. Ahora, líderes en todo el mundo pueden usar sus computadoras, tabletas o teléfonos para recibir entrenamiento individual, o en pequeños grupos, o en iglesias. Esto no solo ha multiplicado la eficacia de la plataforma, sino que también tendrá una duración mayor que la de un libro físico y llegará hasta las generaciones venideras.

Cada nivel de multiplicación ha presentado desafíos que nos han estirado mucho, forzándonos a depender de la gracia de Dios. En cada nivel, habría sido mucho más fácil poner el punto muerto, y no proseguir para conseguir una mayor eficacia sirviendo a otros.

Cuando escuchamos al Espíritu de Dios, avanzamos paso a paso hacia una mayor multiplicación. Él no nos enseñará cada paso desde el principio, o ni siquiera dos o tres pasos por delante. Habría sido mucho más fácil ver todo el camino hasta donde estamos como equipo treinta años después. Sin embargo, si eso hubiera sido posible, no nos habríamos esforzado por cada paso de manera tan intensa, ni en oración ni en el liderazgo. Además, no habríamos adquirido la fe y la fortaleza de carácter que obtuvimos con cada paso de obediencia.

La idea de multiplicar no es de la humanidad, sino de Dios. Esta multiplicación no debería ponerle bajo más presión porque, finalmente, es el don de Dios. Lo único que tiene que hacer es orar, escuchar, creer y obedecer lo que Él ponga en su corazón.

Resumen: Él le guiará a la multiplicación.

PARA REFLEXIONAR

1. Cuando buscamos que se produzca la provisión o la intervención de Dios, a menudo llega en forma de una idea estratégica. ¿Cómo ha visto sus circunstancias cambiar mediante una idea inspirada por Dios?

2. Recibir sabiduría es lo más importante que usted puede hacer. ¿En qué área de su vida necesita sabiduría? ¿Cómo se debe acercar a Dios para recibir su sabiduría?

3. Una idea estratégica es un don de Dios y tiene el potencial de abrirnos a otra esfera de eficacia y empoderarnos para la multiplicación. Una vez que se recibe la idea, ¿cuáles son los pasos siguientes que se espera que demos?

9

INVERSIÓN

Dios, en su gracia, nos ha dado dones diferentes para hacer
bien determinadas cosas. Por lo tanto, si Dios te dio la
capacidad de profetizar, habla con toda la fe que Dios te
haya concedido. Si tu don es servir a otros, sírvelos bien.
Si eres maestro, enseña bien. Si tu don consiste en animar
a otros, anímalos. Si tu don es dar, hazlo con generosidad.
Si Dios te ha dado la capacidad de liderar, toma la
responsabilidad en serio. Y si tienes el don de mostrar
bondad a otros, hazlo con gusto.
—Romanos 12:6-8

El apóstol Pablo destaca varios dones que Dios ha dado a cada
uno de sus siervos. De nuevo, no creo que sea una lista exhaustiva,
pero cubre un amplio rango de habilidades divinas.

Volviendo al énfasis de las palabras de Pablo, me encanta cómo la
Nueva Traducción Viviente expresa *carisma* como la habilidad "para
hacer bien determinadas cosas". Esto ciertamente identifica el enfoque principal de este libro. Dirijamos nuestra atención al don de
dar.

INVERTIR EN EL REINO

Tengo un amigo que se llama Mike. Se convirtió en creyente en Jesucristo cuando tenía once años; sin embargo, era improductivo para la edificación del reino. Cada vez estaba más insatisfecho con su estado y, finalmente, a los treinta y cinco años se hartó de no tener un impacto eterno. A menudo, los que llegan a este punto intentan hacer el cambio de inmediato sin conocimiento, sabiduría y fe. Sabiamente, Mike lo abordó de otra forma. Decidió que el primer paso para causar un impacto duradero era "llenar el depósito", así que durante los siguientes seis meses ¡memorizó dos mil versículos de la Escritura!

Poco después de este periodo de seis meses decidió asistir a una conferencia de liderazgo en Phoenix, Arizona. Era tan pobre que no se podía permitir una habitación de hotel y tuvo que quedarse a dormir con once estudiantes en un apartamento de dos habitaciones.

Se tomó una ofrenda especial durante la conferencia. El líder animó a los delegados a orar sobre lo que dar. Mike escuchó decir al Señor: "Quiero que des 200 dólares".

Mike protestó: "Dios, ¡eso es todo lo que tengo!".

El Señor amablemente le respondió: "No te estoy pidiendo que des más".

Mike obedeció y dio todo el dinero que tenía. Dios después le dijo a Mike que diera 100 dólares mensuales además de su diezmo durante el resto del año.

Poco después Dios comenzó a darle *ideas estratégicas*, y su nuevo negocio comenzó a crecer a paso firme. Al año siguiente, Mike sintió que debía dar 400 dólares al mes además de su diezmo para edificar el reino.

Un año después, la cantidad aumentó a 1000 dólares al mes además de su diezmo. Al año siguiente subió a 4000 dólares al mes además de su diezmo, y el año siguiente subió a 10 000 dólares al mes además de su diezmo.

Llegado este punto, Mike le pidió a Dios la capacidad para dar 10 millones de dólares para el reino. Parecía una petición enorme, casi inalcanzable, pero estaba decidido en su creencia y petición. Sin embargo, lo que oyó en su corazón le impactó: "Hijo, ¿por qué me estás encajonando?". Así que Mike eliminó los límites y creyó incluso en más.

Poco después, su aportación empezó a escalar rápidamente, y al año siguiente dio cerca de 17 000 dólares al mes además de su diezmo. Después llegó a 25 000 dólares al mes, después a 40 000 dólares al mes, y después a 50 000 dólares al mes. Finalmente, Mike dio 100 000 dólares al mes además de su diezmo para edificar el reino. La última vez que hablé con él, había llegado al nivel de los 150 000 dólares al mes, ¡además de su diezmo!

Mike ha vivido muy bien, pero apenas con el 10 o el 15 por ciento de su sueldo. Sí, ha leído correctamente; él da aproximadamente entre el 85 y el 90 por ciento de lo que gana al año. Atribuye su éxito a aprender la Biblia, escuchar a Dios cuando ora, y permitir que personas más maduras que él lo discipulen.

Cuando se trata de la multiplicación, no podemos ignorar la palabra *dar* porque, por lo general, es el ingrediente clave. En el área específica de las finanzas, muchos creyentes bien intencionados ven las *ofrendas* de esta manera: *¿Qué estoy dispuesto a dar por causa de otros?* Esto es noble y piadoso, pero si es la única expectativa, está incompleta.

Primero, para afirmar lo positivo, Dios ha puesto su amor por las personas en nuestro corazón; esto crea un deseo interior de *dar* y *servir* desinteresadamente. Sin embargo, un dador *sabio* no solo ve una ofrenda como un regalo de amor y servicio, sino también como una *inversión*. Invertir es frenarse de consumir un recurso para hacerlo crecer. Específicamente, con respecto a las finanzas es abstenerse de gastar ahora para invertir fondos para el crecimiento.

Jesús dice que cuando invertimos en el reino, "[recibiremos] *mucho más en esta vida*" (Lucas 18:29-30). Él no dijo "en la *próxima* vida" sino "en *esta* vida". Hay una diferencia enorme entre *duplicar* y *mucho más*. ¿Cuál es el potencial de una inversión que se multiplica *muchas más* veces? La vida de Mike es un testimonio de esta verdad.

TODOS SOMOS LLAMADOS A DAR

Mike tiene el *don de dar*; lo hace muy bien. Sin embargo, todos deberíamos ser *dadores*.

Para ayudar a aclarar más esto, voy a compararlo con la comisión de Jesús de ir por todo el mundo y predicar el evangelio (ver Marcos 16:15-16). Este mandato se le da a todo creyente. Todos nosotros deberíamos ser embajadores y compartir el evangelio con los que están perdidos. Esto también se capta en las palabras de Pablo: "Haz obra de evangelista" (2 Timoteo 4:5, RVR 60), que están dirigidas a todos los creyentes.

Pero hay un oficio único y don complementario llamado *evangelista*. Pablo escribe: "Y él mismo constituyó... a otros, evangelistas" (Efesios 4:11, RVR 60). No todos, sino algunos, son llamados a entrar en este oficio. Este don aumenta la capacidad de producir una cosecha de almas. En el libro de los Hechos, a Felipe, y no a todos los creyentes, se le llama evangelista (ver Hechos 21:8).

Hay algunos que tienen el *carisma* de *dar*. Son buenos dando económicamente, así como el evangelista es bueno ganando almas. El mensaje de este libro se enfoca en multiplicar los dones que Dios nos ha dado. Sin embargo, como dar económicamente es un aspecto tan crucial de la multiplicación, quiero centrarme en lo que cada uno de nosotros estamos llamados a hacer: multiplicar en el área de dar económicamente.

En mis cuarenta años de ministerio he visto dos extremos cuando se trata de las finanzas y de dar. Primero, están los que dan solo para conseguir; quieren más por razones egoístas. Si somos objetivos y decimos las cosas tal y como son, una palabra para identificar esta motivación es *codicia*.

Tristemente, esta mentalidad errónea ha ayudado a dar a luz el otro extremo (el viejo movimiento del péndulo). Se produce principalmente en personas que no estudian todo el consejo de la Palabra de Dios, como lo hizo Mike. Menosprecian cualquier enseñanza que edifique la fe de la gente sobre dar económicamente.

Tras aceptar a Jesús, Lisa y yo fuimos miembros de una iglesia que enseñaba exhaustivamente sobre el dar. Era la década de 1980 y, durante ese tiempo, muchos estaban más enfocados en sí mismos que en la misión. Aunque la enseñanza de nuestra iglesia era bastante buena, debido a una falta de carácter muchas personas daban por motivos incorrectos. El enfoque no era distinto al que persiguen muchos incrédulos, salvo que este tenía una fórmula bíblica. Lisa y yo supimos desde el principio que algo estaba desequilibrado, pero no sabíamos expresar lo que era.

Un encuentro revelador se produjo un par de años después de que esta iglesia nos enviara para lanzar nuestro propio ministerio. Yo estaba en una reunión, preparándome para predicar, cuando el Espíritu Santo me preguntó: "Hijo, ¿sabes lo que es un *espíritu religioso?*".

Yo había leído, hablado, oído a otros hablar e incluso había escrito sobre lo que es una mentalidad religiosa, pero cuando Él me preguntó, inmediatamente me di cuenta de que había algo que no había entendido. Respondí: "Seguro que no lo sé. De lo contrario, no me habrías preguntado. Por lo tanto, ¿qué es?".

Oí al Espíritu Santo responder: "Un espíritu religioso es uno que usa mi Palabra para ejecutar su propia voluntad. Esta persona no lleva a cabo mis instrucciones dando preeminencia a los deseos de mi corazón. Aplica mi Palabra para su propio beneficio".

Estas palabras fueron un catalizador para los ajustes que eran necesarios en mi corazón a fin de ser libre del entorno tóxico en el que había estado. Este mensaje del Espíritu Santo reveló que podemos dar e incluso cosechar beneficios, pero se puede hacer con las intenciones erróneas. Las leyes de Dios serán beneficiosas incluso si el motivo no es el correcto.

Un granjero puede plantar semillas con un propósito: acumular toda su cosecha, todos los productos que no pueda consumir, va y construye almacenes más grandes para guardarlos, y se dice: "Amigo mío, tienes almacenado para muchos años. ¡Relájate! ¡Come y bebe y diviértete!'" (Lucas 12:19).

La respuesta de Dios para él es: "¡Necio!" (versículo 20). El principio de sembrar y cosechar le funcionó bien a este granjero, aunque, como señala Jesús, fue muy codicioso.

Por otro lado, otro granjero quizá desea ayudar y alimentar a la gente. Él experimentará el mismo nivel de cosecha que el primer granjero, pero su respuesta es distinta. Él se dice: "Vaya, no solo comeré, sino que ahora puedo ayudar a mi comunidad a ser más fuerte y saludable. ¡Puedo ser generoso!".

La ley de la siembra y la cosecha funciona igual para ambos hombres. Sería ridículo que todos dejaran de plantar y cosechar por la codicia que mostró el primer hombre; sin embargo, eso es lo que muchos han hecho en el área de dar para el reino.

Ahondemos un poco más en las palabras de Pablo. Comienza diciendo:

> Así que pensé que debería enviarles a estos hermanos primero, a fin de estar seguro de que tienen lista la *ofrenda* que prometieron; pero quiero que sea una *ofrenda* voluntaria, no una ofrenda dada de mala gana. (2 Corintios 9:5)

No hay duda alguna, Pablo está hablando de una ofrenda de dinero. Él sigue usando el principio de sembrar para ilustrar lo que hará Dios a los que dan:

Recuerden lo siguiente: un agricultor que siembra solo unas cuantas semillas obtendrá una cosecha pequeña. Pero el que siembra abundantemente obtendrá una cosecha abundante.

(2 Corintios 9:6)

Si nuestro único motivo al dar es ayudar a la gente, entonces ¿por qué habla Pablo de la cosecha que recibiremos por dar? ¿Está mal tener un deseo secundario de multiplicación, especialmente cuando ayudará a impulsar y aumentar el deseo principal de edificar vidas para el reino? Creo que esta es la motivación de Pablo, porque veamos cómo continúa:

Cada uno debe decidir en su corazón cuánto dar; y no den de mala gana ni bajo presión, «porque Dios ama a la persona que da con alegría». Y Dios proveerá con generosidad todo lo que necesiten. Entonces siempre tendrán *todo lo necesario y habrá bastante de sobra para compartir con otros.* (2 Corintios 9:7-8)

Observemos que se conseguirán dos cosas. Las necesidades personales serán cubiertas, pero también Pablo dice específicamente que habrá *bastante de sobra para compartir con otros*. Nuestra capacidad de ser generosos se multiplica, porque hemos invertido o plantado semillas. Esta motivación se refuerza aún más:

Pues es Dios quien provee la semilla al agricultor y luego el pan para comer. De la misma manera, él proveerá y *aumentará los recursos de ustedes* y luego producirá una gran cosecha de *generosidad* en ustedes. Efectivamente, serán enriquecidos en todo sentido para que *siempre puedan ser generosos.*

(2 Corintios 9:10-11)

Pablo dice específicamente que, mediante el dar, Dios *aumentará nuestros recursos*. Esto nos dará la capacidad para *ser siempre generosos*. Esta verdad no solo es para los que tienen el don de dar económicamente, sino que es para todo creyente. Es una ley espiritual que Dios estableció hace mucho tiempo.

Cuando Lisa y yo comenzamos en el ministerio, nuestros ingresos eran de 18 000 dólares al año. Apenas podíamos cubrir nuestros gastos. Recuerdo nuestra primera Navidad en el ministerio. Tuvimos que tomar el poco dinero que nos quedaba y comprar cosas para armar pequeñas cestas de regalos hechos a mano. No teníamos dinero suficiente para comprar nada más.

Un par de años después, nuestro pastor pidió una ofrenda especial. Lisa y yo queríamos ser parte del proyecto, y Dios nos habló: "Den 1000 dólares".

En los dos años anteriores a esto, habíamos ahorrado y ahorrado para poder dar un depósito para una pequeña casa. Habíamos acumulado 1800 dólares; era todo lo que teníamos, no teníamos fondos de jubilación, inversiones, ni otros ahorros en los que apoyarnos. Si dábamos esa cantidad, solo quedarían a nuestro nombre 800 dólares. Parecía que nuestros años de ahorro se verían reducidos drásticamente por esta ofrenda. Aparentemente, pasarían años hasta que pudiéramos tener dinero suficiente para dar el depósito para una casa; sin embargo, dimos porque queríamos ser parte en el proyecto para impactar a otros. También queríamos ser más generosos. Sabíamos por la Escritura que la única forma de poder aumentar nuestra capacidad de dar era multiplicando lo poco que teníamos.

Con el paso de los años, hemos sido capaces de dar más que cestas, y más de una ofrenda de 1000 dólares. Solo este año, hemos podido dar a las misiones cincuenta veces más que la cantidad de esa primera gran ofrenda. Queremos impactar más vidas en todos los aspectos. Dios multiplicó nuestra capacidad y nos empoderó para ser generosos. La traducción *The Passion* expone esta verdad de una forma muy bonita:

> Este Dios generoso que suple semillas abundantes al granjero, las cuales se convierten en el pan de nuestras comidas, es incluso más extravagante con ustedes. Primero él suple todas sus necesidades, y más. Después *multiplica* las semillas que ustedes siembran, para que la *cosecha de su generosidad crezca*. Serán grandemente enriquecidos en todos los sentidos al dar generosamente siempre que puedan.   (2 Corintios 9:10-11)

Notemos que Él es extravagante con nosotros. A propósito, Él *multiplicará* la inversión que hacemos para edificar el reino, para que nuestra *generosidad crezca*.

Así como algunas personas tienen cuentas bancarias, cuentas de acciones y cuentas de inversión, todos los creyentes tienen una cuenta celestial. Esa cuenta nos empodera para multiplicar nuestra eficacia para edificar el reino en esta tierra. ¿Qué sucedería si todos los creyentes conocieran, entendieran y creyeran en esta ley espiritual? ¡Alcanzaríamos al mundo mucho más rápido con el evangelio! ¿Está claro por qué el enemigo del reino intentará de todas las maneras posibles impedir que los creyentes siembren semillas económicas?

AVANCE

He aprendido con los años de ministerio que seremos probados tanto en nuestro *carisma* como en el *dar financieramente*. Puede que haya una época en la que ninguna editorial esté interesada en hablar con usted sobre su libro. Usted considera detenerse porque ha sido mucho trabajo duro, el libro parece que no va a ningún lado, y no ve una forma posible de cambiarlo. Pero continúe en obediencia. De repente, llega el *avance*.

O puede que dé y dé, pero no está viendo cosechas rápidas, y parece que sus finanzas están demasiado justas y no puede hacer más. Pero entonces Dios le habla, como le ocurrió a Mike, y usted obedece incluso cuando parece imposible. Entonces es testigo de un *avance* y entra en otra esfera de dar.

¿Qué es un *avance*? Dictionary.com lo define como "un acto u ocasión de eliminar o sobrepasar una obstrucción o restricción".[6] Imagínese esto: el agua está contenida por un muro, continúa aumentando, pero el muro sigue siendo una obstrucción. De repente, empiezan a aparecer grietas en el muro; el agua de repente revienta el muro. Ahora la obstrucción se ha eliminado, y el agua fluye libremente donde antes estaba retenida.

El rey David declara: "Dios rompió mis enemigos *por mi mano*, como se rompen las aguas" (1 Crónicas 14:11, RVR 60). Es el cumplimiento de las palabras del profeta Amós: "Llegará el día –dice el Señor– en el que el grano y las uvas crecerán más rápido de lo

---

6. "Breakthrough". Dictionary.com. Consultado en línea 5 de mayo de 2020. https://www.dictionary.com/browse/breakthrough.

que puedan ser cosechados" (Amós 9:13). En la versión *Reina Valera 1960*, la verdad se plasma en un cuadro muy hermoso:

He aquí vienen días, dice Jehová, en que el que ara alcanzará al segador, y el pisador de las uvas al que lleve la simiente; y los montes destilarán mosto, y todos los collados *se derretirán*.

El segador tendrá una cosecha tan abundante que el que planta lo alcanzará.

Muchos se rinden justo antes del avance. Lisa y yo fácilmente podríamos haber recurrido a la razón y la lógica y haber ignorado la voz del Espíritu de Dios. Necesitábamos al menos 5000 dólares para el depósito de una casa que nos hacía mucha falta. Podíamos haber pensado: "Primero consigamos la casa, y después podremos ahorrar y dar 1000 dólares para un proyecto futuro". Hubiéramos perdido una gran oportunidad para invertir en el reino y aumentar nuestros recursos.

El aspecto maravilloso de la historia es que seis meses después, milagrosamente teníamos los 5000 dólares. Lisa recibió una cantidad de dinero de una cuenta que no sabíamos que su padre había abierto. Además, dos personas, sin conocer nuestra necesidad, nos dieron 2000 dólares. Estábamos en nuestra nueva casa menos de un año después. Fue milagroso, y mucho mejor para nuestra fe y resistencia verlo a Él proveer cuando parecía "imposible". No creo que eso habría sucedido si hubiéramos retenido los 1000 dólares que el Espíritu Santo nos dijo que diéramos.

No debemos actuar presuntuosamente. ¿Qué quiero decir con ello? Deberíamos buscar el consejo de nuestro Socio principal: el

Espíritu Santo. Mantener una conciencia sensible (el lugar donde el Espíritu Santo nos ilumina) y obedecer a lo que nos muestra es primordial, porque Él es quien nos guía provechosamente en nuestras inversiones del reino.

Algunas personas no escuchan su consejo. Otros no pueden oír su consejo, porque han dicho "no" demasiadas veces. Si esa es su situación, simplemente arrepiéntase y pida perdón por suprimir su voz. Su sensibilidad volverá de inmediato; ¡Él es rápido en perdonar! Pero después escuche sus impulsos, y no deje que la voz de la razón le haga cambiar de opinión.

PARA REFLEXIONAR

1. Dios ha puesto su amor por las personas en su corazón, lo cual debería ponerle en una posición de querer *dar* y *servir*. ¿De qué formas en la actualidad está sirviendo y dando a otros? ¿Cuáles son algunas de las formas creativas en las que puede crecer en las áreas de dar y servir?

2. Un dador sabio ve una ofrenda no solo como un regalo de amor y servicio, sino también como una *inversión*. Mediante su ofrenda y servicio, ¿qué tipo de retorno de su inversión puede esperar? ¿Cómo cambia su actitud con respecto a dar y servir cuando lo ve como una inversión?

3. Usted será probado tanto en su *carisma* como en su *dar financieramente*. Durante estas pruebas, experimentará momentos en los que parecerá que su cosecha se demoró y su trabajo fue improductivo. Cuando se vea tentado a rendirse, ¿cuál debería ser su respuesta? ¿Cómo se mantiene animado?

10

EL CATALIZADOR

> Dios, de su gran variedad de dones espirituales, les ha
> dado un don a cada uno de ustedes. Úsenlos bien para
> servirse los unos a los otros.
> —1 Pedro 4:10

En este capítulo clave desarrollaré cuál es el *catalizador* del *aumento eficaz*. Al usar la palabra *eficaz*, me estoy refiriendo a la multiplicación que dura para siempre.

Un catalizador es un ingrediente clave que precipita o acelera un acontecimiento o cambio (mi definición tomada de muchos diccionarios). A todos se nos han dado dones, pero lo que desencadena su potencial para perdurar se encuentra en las palabras del apóstol Pedro: "Úsenlos bien para *servirse*". Servir es el *catalizador*, pero el servicio genuino siempre está motivado por el amor. El apóstol Pablo escribe:

> Porque recordamos delante de nuestro Dios y Padre cómo pusieron en práctica su fe, cómo su *amor les motiva a servir a otros.* (1 Tesalonicenses 1:3, TPT)

El verdadero servicio se origina en un corazón que arde de amor. Es una disposición interna que no se altera por la adversidad, las dificultades, ni ninguna otra circunstancia desfavorable. Se manifiesta a veces en las palabras, pero más frecuentemente en las acciones.

LA SEÑORA DEL PAVO

La pareja de la que hablo ahora son unos amigos nuestros muy cercanos que han querido permanecer anónimos en su misión. Por lo tanto, para cumplir su deseo usaré nombres ficticios.

Riley y Dave viven en un suburbio de una de las ciudades más grandes de los Estados Unidos. El destino los unió debido a que sus apartamentos eran contiguos.

Poco después de casarse, Riley se preguntaba por qué la mayoría de las iglesias, albergues y otras organizaciones caritativas daban comidas y regalos en Navidad, pero en el día de Acción de Gracias no se hacía mucho por las personas. Ella cree que el día de Acción de Gracias es más importante porque se enfoca en la familia y se centra en una comida. A muchas mamás solteras, minusválidos y las personas sin hogar les cuesta conseguir o participar de una comida adecuada. Ella cree que los comedores sociales sirven a un propósito necesario, pero les falta la intimidad que aporta a una familia una comida casera.

Riley ha dicho: "Por separado, cada uno de nosotros tiene la oportunidad de causar un impacto, pero juntos el impacto es mayor". Ella conoce bien la Escritura y sabe que los esfuerzos de dos que trabajan juntos en armonía son diez veces mayores que los que puede hacer uno solo (ver Deuteronomio 32:30). También es consciente del hecho de que los resultados siguen aumentando a medida que más creyentes se unen. Otra verdad que arde en su corazón es que los verdaderos siervos quieren ser parte de un equipo y no les importa si se les reconoce o no. La actitud de Riley personifica estos ingredientes importantes para la multiplicación.

En su primera oportunidad de un día de Acción de Gracias, Riley recaudó dinero de familiares y amigos para comprar pavos. Con una mentalidad de multiplicación, ella y Dave prometieron añadir un dólar por cada dólar recaudado. Ese año, compró once pavos y los entregó de forma anónima desde el maletero de su automóvil. El segundo año, el número ascendió a treinta y un pavos.

El tercer año les dijo a sus familiares y amigos que podían compartir la visión con otros amigos, siempre y cuando lo mantuvieran como algo anónimo. Lo hicieron, y el esfuerzo comenzó a multiplicarse rápidamente. Al quinto año habían tocado a quinientas familias y pudieron añadir dos latas de verduras y relleno para el pavo en cada donación.

Fue en este punto cuando formalmente ella hizo un acuerdo de distribución *anónimo* con el Ejército de Salvación. Esta organización caritativa está conectada con los servicios sociales y pudieron establecer un proceso de aplicación para localizar a quienes estaban verdaderamente necesitados. Las personas escogidas no tenían otra opción de tener provisiones. Riley y su equipo organizaron una especie de servicio de recogida en vehículo y un lugar de distribución por ventanilla en las instalaciones del Ejército de Salvación.

Finalmente, la distribución creció tanto que necesitaron un lugar nuevo para dar cabida a tal volumen de gente. La Asociación

Cristiana de Jóvenes (YMCA por sus siglas en inglés) del vecindario tenía una parcela de terreno grande y vacante, pero las relaciones entre ellos y el Ejército de Salvación no eran las mejores. La necesidad hizo que las dos organizaciones arreglaran sus diferencias. Se reconciliaron y desde entonces han trabajado juntos con el proyecto de Riley, así como en otros esfuerzos comunitarios.

Cada año, Riley y Dave establecen la meta de superar la distribución del año anterior. Decidieron que ninguna persona de toda su zona se quedaría sin una comida de Acción de Gracias apropiada. A medida que crecía el número, la distribución se hacía más compleja y difícil, especialmente con el aumento de los precios y con el hecho de que algunos amigos se retiraron o se mudaron.

La pareja era más fuerte económicamente y no querían que el progreso se estancara en ese momento, así que decidieron añadir dos dólares por cada dólar recaudado. No es de extrañar que su fortaleza económica aumentara en esos seis años. Dios estaba multiplicando sus ofrendas para que pudieran ser más eficaces.

Según subían las cifras, surgían también nuevos desafíos. La fe de esta pareja es fuerte y su determinación es inflexible. Ante la adversidad, oraron continuamente, clamaron a Dios, recibieron ideas estratégicas inspiradas y encontraron favor con personas que podían ayudar.

Acaban de llegar a su año veintiséis de servicio, y mientras escribo estas palabras, solo este año han alimentado a 10 500 familias (si hay una media de cuatro miembros por familia, serían 42 000 personas). Movilizan a más de doscientos voluntarios, muchos de ellos trabajando incansablemente durante varios días. La mayoría lleva trabajando con Riley desde el principio; y esto es lo asombroso: ¡muchos voluntarios aún no saben la identidad de la "Señora del Pavo"!

Sería imposible enumerar los milagros, historias y testimonios de vidas cambiadas por su multiplicación. Muchas personas han conocido a Jesús, incluido Dave, el esposo de Riley, y muchos han regresado a la fe. Familias se han reconciliado, y muchas personas han sido inspiradas, incluyendo trabajadores del gobierno, empleados del supermercado, los empleados del Ejército de Salvación y de la YMCA, voluntarios y, de algún modo, toda la comunidad.

EL EJEMPLO NÚMERO UNO DE MULTIPLICACIÓN ETERNA

El servicio motivado por el amor es el catalizador para la multiplicación. Jesús identifica el camino a la verdadera grandeza: buscar servir, no ser servido. No es de extrañar que identifique su acto supremo de servicio con estas palabras: "Les digo la verdad, el grano de trigo, a menos que sea sembrado en la tierra y muera, queda solo. Sin embargo, su muerte producirá muchos granos nuevos" (Juan 12:24). De nuevo, oímos acerca de *plantar* (o *invertir*) y *cosechar*. Así como un grano de trigo *invertido* produce una multitud de granos, la obediencia de Jesús para servir produjo multitudes de hijos e hijas de Dios. ¡Qué ejemplo! Él abrió el camino y estableció el nivel, mostrándonos cómo multiplicar *eficazmente*.

Como líder y comunicador, conozco la importancia de la *última palabra*. Es la afirmación o mensaje que dejas a tu lector, oyente, estudiante, miembro de equipo, empleado, hijo, o cualquier otro. Es la idea principal con la que quieres que se queden tus oyentes al terminar.

En su tiempo en la tierra, ¿cuál fue la palabra final de Jesús? Es interesante que fue un sermón ilustrado que dio antes de su crucifixión: el lavado de pies de sus seguidores. (Ver Juan 13:4-17.)

Voy a ser sincero: cuando era un joven creyente me desagradaba mucho siempre que alguien sugería en un grupo pequeño: "Lavémonos los pies unos a otros". De inmediato pensaba en una razón trivial para escaparme repentinamente, ¡porque no me gustaba que los hombres me tocaran los pies!

Años después, me alivió saber que el lavado de pies era más bien una tradición a la que mis amigos se estaban aferrando. En la última cena, los doce discípulos estaban en una casa así, lo suficientemente grande para albergar a todo el equipo de Jesús en una sola sala. Posiblemente era el hogar más pudiente de la ciudad. Horas antes, cada uno de estos doce hombres había recibido su lavado de pies por el siervo más bajo, pero, de modo asombroso, la misma noche Jesús no solo tomó el recipiente y la jarra de agua, sino que también se quitó la túnica, eliminando el símbolo de su posición como Maestro, y comenzó a lavar sus pies. Ellos sabían exactamente lo que estaba ocurriendo y lo que representaba.

Por el contrario, en la universidad, yo estaba confundido e incluso me disgustaba la práctica porque mis pies estaban limpios; acababa de ducharme antes del estudio bíblico. También me molestaba. *¿Por qué alguien a quien apenas conozco intenta lavar mis pies?*

Si volvemos a leer las palabras de Jesús, adoptarán un significado mucho más amplio. Él estaba dejando una última impresión; una que se quedaría con estos discípulos para el resto de sus vidas. Una *última palabra.*

En resumen, para ser grandes debemos ocupar voluntariamente el lugar del siervo más bajo. Tardé bastante en entender realmente esto. En mis primeros días de creyente parecía que muchos veíamos el ministerio como justamente lo contrario. Nuestra creencia sobreentendida era: *"La relevancia no se obtiene hasta que no estás hablando o liderando a muchos"*. Servir era para las personas en las posiciones más bajas de nuestra iglesia. Si trabajabas duro, finalmente serías una persona de relevancia. ¡Pero qué torcida estaba nuestra percepción!

Un día, mientras estaba haciendo un recado, el Espíritu de Dios me susurró: "Hijo, si te promuevo, será a un *puesto de mayor servicio*. Si metes la pata ahora, es una camisa limpiada en seco. En el ministerio público no será una camisa que puedas reemplazar; se tratará de vidas, las personas a las que yo amo, dañadas". Sus palabras captaron mi atención. No solo me dijo que las posiciones más altas incluían responsabilidades de mayor servicio, sino que también me habló de la importancia de ser siempre fiel en las cosas pequeñas. Mi nivel de servicio no cambiaría con la verdadera riqueza: las personas.

Rebeca

Un ejemplo fascinante de multiplicación de un servicio desinteresado en el Antiguo Testamento lo vemos en Rebeca. Abraham envió a su siervo de mayor confianza de regreso al país que había dejado para encontrar una esposa para su heredero: Isaac. A su llegada, el siervo de Abraham se dio cuenta de que era la hora del día en que las mujeres jóvenes salían al pozo de la comunidad a sacar agua. Él oró: "Mi petición es la siguiente: yo le diré a una de ellas: 'Por favor, deme de beber de su cántaro'; si ella dice: 'Sí, beba usted, ¡y también daré de beber a sus camellos!", que sea ella la que has elegido como esposa para Isaac" (Génesis 24:14).

Antes de terminar de orar, Rebeca se acercó con su cántaro, así que él le pidió de beber. Lo que ocurre después es espectacular:

Sí, mi señor, beba —respondió ella. *Enseguida* bajó su cántaro del hombro y le dio de beber. Después de darle de beber, dijo: —También sacaré agua para sus camellos y les daré de beber hasta que se sacien. Así que, *de inmediato*, vació su cántaro en el bebedero y *volvió corriendo* al pozo a sacar agua para todos los camellos.   (Génesis 24:18-20)

En estos pocos versículos encontramos unos rasgos a destacar en el servicio de Rebeca. Los enumeraré uno por uno:

- *Entusiasta.* No iba arrastrando sus pies. Lo hizo todo rápidamente, incluso corrió de ida y regreso hasta el pozo. Los verdaderos siervos tienen una actitud de disposición y energía, que es evidente en sus acciones.

- *La milla extra.* Los siervos sobresalen. Rebeca hizo más de lo que se le pidió. Tras un largo viaje, un camello típico sediento se puede beber entre cien y doscientos litros de agua. ¡El siervo de Abraham tenía diez camellos! Si cada camello se bebió solo cien litros, eso significa que Rebeca tuvo que cargar mil litros de agua desde el pozo. Si un cántaro normalmente contenía veinte litros, tuvo que hacer cincuenta viajes al pozo.

¡Pero es aún más asombroso! Había dos tipos de pozos en aquellos tiempos. Uno permitía atar una cuerda al cántaro y bajarlo desde la superficie hasta el nivel de agua del pozo. El otro exigía bajar entre veinte y treinta peldaños hasta llegar al nivel de agua. ¿Sabemos qué tipo de pozo estaba usando Rebeca? Claro que sí, el segundo, porque después cuando el siervo le contó a su familia lo que había hecho Rebeca, dijo: "Ella *descendió* hasta el manantial y sacó agua" (versículo 45).

+ *Atenta.* Un verdadero siervo no espera a que se lo pidan cuando una necesidad es evidente; él o ella actúa de inmediato. Los que siempre son los primeros en pasar a la acción son los que aumentan.

+ *Comprometida.* Aunque la tarea era difícil, Rebeca fue diligente en su servicio. Con los años he observado que mientras más dura es la tarea, más rápidamente disminuyen las grandes actitudes; es la naturaleza humana. Sin embargo, tenemos la naturaleza de Jesucristo. Él nunca se rindió, ni siquiera cuando tuvo que soportar una resistencia y dificultades inimaginables. Viva según la naturaleza de Jesús ¡y deje que Rebeca le inspire!

+ *Decidida a terminar la tarea.* Rebeca no se detuvo hasta que terminó la tarea. No se rindió. Rebeca hizo todo lo que hizo sin saber que había una recompensa por su labor. Esta es la verdadera señal del servicio: los siervos no trabajan con el propósito de obtener la recompensa, sino que ven el acto de servir como su propia recompensa. La recompensa de Rebeca fue magnífica. No se dio cuenta de que los diez camellos llevaban tesoros y regalos para ella, y que se casaría con un hombre piadoso. Pero nada de eso fue el premio más importante: la recompensa mejor era que entró en la promesa de Abraham. Sería la madre de muchas naciones. Todas las naciones serían benditas a través de ella. Rebeca multiplicó de manera muy importante.

EL ELEMENTO CRÍTICO

¿Entiende ahora el ingrediente crítico para una multiplicación eficaz? Piense de nuevo en nuestros amigos Riley y Dave a la luz de lo que hemos visto en la Escritura. Esta pareja, que ha implementado estrategias inspiradas y ha servido bien, ya ha impactado a decenas de miles de personas. Se han convertido en grandes según las palabras de Jesús.

Sin embargo, por favor, oiga estas importantes palabras: *Usted puede multiplicar egoístamente*, pero su impacto no será eterno. El mensaje principal de este libro no tiene la intención de darle la fe para multiplicar con el propósito de acumular tesoros para usted, sino el de animarle a dar su vida en servicio a otros. Jesús declara que cuando hacemos esto, todas las *cosas* que los incrédulos persiguen simplemente nos serán añadidas (ver Mateo 6:33). Sé esto porque lo he experimentado de primera mano.

Regresemos a la historia de Lisa y mía con respecto a nuestra primera iglesia. Como resultado de estar en este entorno tóxico durante seis años, yo adquirí actitudes insanas sobre la multiplicación. Poco después de irme, uno de los muchos encuentros transformadores y liberadores con el Espíritu Santo se produjo una mañana mientras conducía mi automóvil. Él me dijo: "Hijo, no me busques por las bendiciones. Deja que yo te las dé".

De inmediato pensé en Mateo 6:33: "Busquen el reino de Dios por encima de todo lo demás y lleven una vida justa, y él les dará todo lo que necesiten". Las palabras del Espíritu me dieron la perspectiva correcta y me ayudaron a erradicar las tendencias egoístas residuales.

Estoy muy agradecido con Dios. Sé lo que es ser egoísta y codicioso: la infelicidad, el estrés y la distancia de la presencia de Dios. Haber conocido sus caminos y su corazón, buscar primero edificar el reino, me ha producido mucho gozo, paz y su presencia en la vida cotidiana.

X

Ahora hemos llegado al punto en el que deberíamos preguntar: ¿cómo multiplicamos cuando no somos los líderes de nuestro propio trabajo, sino que servimos en el equipo de otro? Respondamos esta pregunta en el siguiente capítulo y, al hacerlo, veremos los grandes beneficios.

PARA REFLEXIONAR

1. Jesús identifica servir como el camino a la verdadera grandeza. ¿Cómo demostró Jesús el servicio? ¿Cuáles fueron los resultados de su servicio? ¿En qué se diferencia el camino de Dios hacia la grandeza, del camino del mundo?

2. Recuerde la historia de Rebeca. ¿Cuáles fueron los rasgos destacados de su servicio?

3. Usted puede multiplicar de manera egoísta, pero su impacto no será eterno. ¿Cuál es la diferencia entre servir para *conseguir* y servir para *dar*? ¿Por qué es importante servir desinteresadamente?

11

IMÍTENME A MÍ

Por tanto, os ruego que me imitéis. Por esto mismo os he
enviado a Timoteo, que es mi hijo amado y fiel en el Señor,
el cual os recordará mi proceder en Cristo, de la manera
que enseño en todas partes y en todas las iglesias.
—1 Corintios 4:16-17, RVR 60

Antes de pasar a discutir sobre lo que obstaculiza la multiplicación y lo que la fomenta, tenemos un área importante más que tratar. ¿Cómo multiplicamos cuando estamos empleados o estamos sirviendo a otro? Situación que, para muchos de nosotros, la mayoría de las veces, es exactamente donde nos encontramos.

Para hablar de esto me enfocaré en el área específica del ministerio, pero estos principios se pueden aplicar a cualquier posición que usted pueda tener en el ámbito empresarial, laboral, la educación y cualquier otro lugar en el mundo actual.

Pablo dice: "Ahora bien, se requiere de los administradores, que cada uno sea hallado fiel" (1 Corintios 4:2, RVR 60). Como hemos establecido por la Escritura, una de las principales características de ser fiel es multiplicar. Pocos versículos después en su carta,

Pablo establece un componente clave para la multiplicación en masa. Escribe:

> Porque, aunque tengáis diez mil años en Cristo, no tendréis *muchos* padres; pues en Cristo Jesús yo os engendré por medio del evangelio. (1 Corintios 4:15, RVR 60)

Pablo es un *padre* para la iglesia corintia. Como dice este versículo, un *padre* ciertamente es alguien que guía a otro a la fe; sin embargo, un padre se puede definir de otras formas. En la Escritura, un padre se define más frecuentemente como alguien que no está involucrado en la conversión.

Pablo frecuentemente se refiere a Timoteo como su "hijo"; sin embargo, no guio a Timoteo a la salvación, porque leemos que Pablo fue "a Listra, donde había un *discípulo* joven llamado Timoteo. Su madre era una creyente judía, pero su padre era griego. Los creyentes de Listra e Iconio tenían un buen concepto de Timoteo" (Hechos 16:1-2). Está claro que Timoteo ya era un creyente establecido cuando Pablo lo conoció por primera vez.

Un padre es alguien que aporta liderazgo, educación y cultura a un individuo u organización. Para los propósitos de nuestra discusión, un padre podría tener varias posiciones: el dueño de una empresa para la que usted trabaja, su jefe de departamento, su pastor, su líder de grupo pequeño, el supervisor de su movimiento, su profesor, su entrenador, el médico al que sirve... y esta es la lista corta. Por supuesto, probablemente haya concluido que un "padre" en estas situaciones podría fácilmente ser una mujer. Por lo tanto, al referirme a los padres también estoy incluyendo a las mujeres que cumplen esta función.

DISTINTAS OPERACIONES

Pablo, como padre de la iglesia corintia, enseña en el siguiente versículo: "Por tanto, os ruego que me imitéis" (1 Corintios 4:16, RVR 60).

Pablo no dice: "Imítenme a mí, así como yo imito a Cristo" (el sí que dice esto después en el capítulo 11). Sin embargo, aquí la instrucción simplemente es "imítenme". Hay una buena razón para esto y se revela en la siguiente afirmación:

> Por esto mismo os he enviado a Timoteo, que es mi hijo amado y fiel en el Señor, el cual os recordará mi proceder en Cristo, de la manera que enseño en todas partes y en todas las iglesias.
>
> (1 Corintios 4:17, RVR 60)

Sus palabras iniciales ("Por esto mismo") son importantes. Pablo acaba de decir a sus lectores que lo imiten, y para asegurarse de que no haya ninguna desconexión en visión, métodos, cultura y convicciones, está enviando a su hijo *fiel*. ¿Cuál es el indicador de un hijo *fiel*? Un hijo o hija fiel *multiplicará el proceder de su padre*.

Pablo estaba en el proceso de establecer su cultura en la iglesia corintia. Sus métodos eran distintos a los de los otros "padres", pero todos eran veraces con respecto a las creencias y enseñanzas fundamentales de Cristo. Aun así, cada uno de ellos tenía métodos distintos, formas de proceder y convicciones que tenían la intención de conseguir la tarea de hacer discípulos a todas las naciones.

Al viajar en el ministerio a tiempo completo durante treinta años, he visto de primera mano la variedad de culturas, métodos y convicciones en la iglesia global; sin embargo, puedo sentir la presencia de Jesús en cada atmósfera.

He observado a los que han ido a escuelas de entrenamiento bíblico o de liderazgo que tienen una cultura distinta a la de la iglesia donde crecieron. Los estudiantes experimentan las operaciones de la iglesia tanto en la escuela como en las experiencias de adoración del fin de semana.

Tras la graduación, los estudiantes regresan a casa llenos de pasión y se esfuerzan por cambiar la cultura y los métodos de su iglesia original. Aunque quizá tengan razón en creer que las formas que han aprendido son más relevantes y eficaces, si son demasiado persistentes pueden convertirse fácilmente en un obstáculo para la unidad global de la misión de su iglesia local.

Si la organización rechaza los métodos sugeridos de los exalumnos, lo mejor sería para todas las partes que los alumnos oraran y buscaran a Dios para ver si deberían irse a otra iglesia, o someterse de todo corazón a la cultura y los métodos de su líder.

HIJO FIEL

Ahora tratemos el asunto de que el apóstol Pablo llama a Timoteo "hijo fiel". Como ya hemos dicho, un hijo fiel buscará multiplicar el proceder de su padre. Es muy probable que usted tenga dones que su líder no tiene; la pregunta es: ¿está usted multiplicando sus dones en línea con su corazón? ¿Coincide el motivo subyacente de su multiplicación con sus convicciones y cultura, o está luchando para establecer su propio proceder que es contraproducente y contrario a su corazón?

¿Cómo se hace esto en la práctica? De dos maneras: primero, buscando usar sus dones para replicar el resultado de su líder si él estuviera en su posición con sus dones particulares. Es sabio adaptar su reunión de tal modo que llegue a la gente joven, pero a la vez hacerlo con el corazón de su pastor. Esto solo se puede lograr mediante la comunicación con él. Debería oír sus respuestas y ver cómo su corazón encaja en los parámetros de usted.

La segunda manera en que se hace esto es reproduciéndose usted. Supongamos que usted dirige el grupo de jóvenes más grande de la ciudad. Eso es genial; Dios está bendiciendo sus métodos, y su don en su vida está atrayendo a personas. Pero ¿está usted buscando a otros con dones similares e impartiéndoles la sabiduría y las formas que usted ha aprendido? ¿Está desarrollando a varios pastores de jóvenes potenciales?

Al hacerlo, si su "padre" declara que la iglesia empezará ahora un nuevo campus en otra parte de la ciudad, usted ya tiene a personas entrenadas y listas para ir.

Pregúntese: *¿Estoy orando y buscando a otros con dones similares a los míos?* Cuando los haya localizado, ¿está enseñando, entrenando y sacando los dones de ellos mientras les imparte su corazón de padre?

Estas son las dos formas principales de ser fiel cuando servimos a la visión de otro.

En mis viajes, aquellos con los que me reúno que tienen éxito, en algún momento fueron fieles con lo que le pertenecía a otro. Nunca he encontrado a nadie que ahora esté experimentando un verdadero éxito que no haya sido fiel primero con lo que le pertenecía a su padre o padres.

MI MAYOR LUCHA

Cuando era joven en el ministerio, mi mayor lucha era una inseguridad oculta que me llevaba a querer ser conocido e importante.

Tenía que demostrar a otros, y principalmente a mí mismo, que yo era un líder con ideas originales. Desde entonces he sabido que muchos líderes potenciales luchan con esta misma inseguridad, y si no se trata con ella a nivel del corazón, más adelante puede conducir a su caída.

Yo era pastor de jóvenes en una gran ciudad para una de las iglesias de más rápido crecimiento de la nación, y nuestro equipo había pensado en una manera de alcanzar a cada uno de los estudiantes de secundaria de la ciudad. Pero cuando se acercaba el lanzamiento del plan, descubrí que era contrario al corazón de mi pastor. Él pidió que no ejecutáramos el programa.

Pensé que ese era el mejor plan del mundo para alcanzar a muchos estudiantes de secundaria perdidos. En ese momento Dios habló claramente a mi corazón, diciéndome: "Hijo, cuando te juzgue por tu tiempo de ser pastor de jóvenes, no te juzgaré primero por cuántas personas ganaste para mí. Primero te juzgaré por lo *fiel* que fuiste con el hombre que puse sobre ti".

Esas palabras me remataron, pero no tanto como su siguiente afirmación. Dijo con firmeza en mi corazón: "Puedes ganar a cada estudiante de secundaria de toda la ciudad para mí y perder todo el crédito y las recompensas de tu labor por ser *infiel* a tu pastor".

De repente comencé a temblar de temor santo. De inmediato me arrepentí y pedí perdón, y llamé a mi pastor e hice lo mismo con él. Al colgar el teléfono y meditar en lo que había ocurrido, el Señor de repente me dio una visión. Me vi con cara mustia entrando en la reunión con nuestros veinticuatro líderes. Estaba triste y cargado, y con disgusto en mi voz anuncié: "Muchachos, saben que hemos trabajado en esto durante meses; es la visión de nuestro grupo de jóvenes, pero nuestro pastor principal rechazó el programa. Todo aquello en lo que hemos estado trabajando no se llevará a cabo".

Vi sus cabezas agachadas por el disgusto, los ojos y la boca de otros abiertas por el descrédito. Todos estaban enojados con nuestro pastor principal, y nos veía a todos nosotros como víctimas de su falta de creatividad.

Dios me preguntó si eso era lo que pretendía hacer. Yo respondí: "¡No, Señor! ¡No, Señor! ¡No, Señor!". Sabía que Él estaba tratando mi actitud y la postura de mi corazón. Esta visión que Él me había dado me mostró que aún no tenía el corazón de mi padre. De inmediato me arrepentí a un nivel más profundo.

Recuerdo unos días después que entré en la reunión con mis líderes. Ahora que tenía un temor santo ardiendo en mi corazón, tenía otro brío en mis pasos, un guiño en mis ojos, y una chispa en mi voz. Dije con gran entusiasmo: "Muchachos, ¡tengo grandes noticias! Nuestro pastor principal ha impedido que diéramos a luz a un Ismael. Ha declarado que en lo que hemos estado trabajando no es la dirección en la que quiere que vaya esta iglesia, ¡así que vamos a descartar el programa!".

Todos ellos de inmediato respondieron con gozo. Algunos sonrieron, otros se chocaron los cinco, y el resto dio un grito de aprobación. Cada uno de ellos captó mi corazón, porque finalmente yo había entendido el corazón de mi pastor.

Estoy convencido de que no estaría donde estoy hoy si hubiera fallado en esa prueba. Puedo decir lo que hubiera sucedido, porque el Espíritu Santo me lo ha mostrado. Yo finalmente habría cancelado el programa porque no habría tenido otra opción. Lo habría hecho con una actitud que hubiera contagiado a mis líderes, envenenándolos con ella. Finalmente me habría ido de la iglesia y, por los dones que hay en mi vida, habría impactado a un grupo pequeño de personas. Pero nunca habría tenido el ministerio que tenemos ahora, hablando y escribiendo para millones de personas en todo el mundo. ¿Por qué? Porque no fui fiel en lo que era de otro, y no se me habría confiado una misión dada por Dios.

No fue fácil aprender esto. Pero aprendí que Dios estaba más interesado en mi carácter que en mis resultados. Él quería que tuviera establecido un fundamento firme antes de confiarnos a Lisa y a mí nuestra propia misión.

Mi querido amigo, usted también es un líder. Si caminamos en el camino de Dios, Él ha prometido a todos sus hijos oportunidades de liderazgo. Estamos puestos "por cabeza, y no por cola", y estamos "encima solamente y no debajo" (ver Deuteronomio 28:13, RVR 60). Por favor, no dé coces contra el aguijón, como hice yo. Aprenda de mí para que usted también pueda avanzar en la responsabilidad del reino.

LA IMPORTANCIA DE LA UNIDAD

Una organización debe estar unida para multiplicar. Una de las partes más reveladoras de la Biblia se encuentra en el libro de Génesis. Un grupo de personas impías se propuso hacer algo que era casi inalcanzable para las personas de su tiempo: construir una torre que llegara hasta el cielo. Sin embargo, escuchemos lo que dijo el Dios Todopoderoso:

He aquí el pueblo es *uno*, y todos éstos tienen *un solo* lenguaje;
y han comenzado la obra, y *nada les hará desistir ahora de lo que
han pensado hacer.*   (Génesis 11:6, RVR 60)

Recordemos quién está hablando aquí: es Dios mismo.
Escuchemos sus palabras: "Nada les hará desistir ahora de lo que
han pensado hacer". ¿Por qué dijo Dios algo así? Porque eran "uno"
y tenían "un solo" lenguaje. Estaban unidos, caminaban juntos en
acuerdo.

Si esto salió de la boca de Dios con respecto a un pueblo de
incrédulos, ¿qué dirá con respecto a su pueblo del pacto? Es incluso
mejor, porque cuando su pueblo se une, "allí envía Jehová bendición"
(Salmos 133:3, RVR 60). La palabra *envía* significa "ordenar, dirigir,
designar". No hay espacio para maniobrar; la unidad atrae la bendición, la cual incluye multiplicación.

¡Esto se aplica mucho más a sus hijos del Nuevo Testamento! No
es de extrañar que repetidamente veamos afirmaciones como:

Entonces, háganme verdaderamente feliz *poniéndose de acuerdo
de todo corazón* entre ustedes, amándose unos a otros y trabajando juntos con *un mismo pensamiento* y *un mismo propósito.*
                                                    (Filipenses 2:2)

Por lo demás, hermanos, tened gozo, perfeccionaos, consolaos,
sed de *un mismo sentir,* y vivid en paz; y el Dios de paz y de amor
estará con vosotros.   (2 Corintios 13:11, RVR 60)

Solamente que os comportéis como es digno del evangelio de Cristo, para que o sea que vaya a veros, o que esté ausente, oiga de vosotros que estáis firmes en *un mismo espíritu*, combatiendo *unánimes* por la fe del evangelio.   (Filipenses 1:27, RVR 60)

Estamos oyendo peticiones del *padre* de estas iglesias. Pablo quiere posicionar a estas iglesias para que puedan recibir las bendiciones que Dios ha estipulado. Él sabe que solo así podrán realmente multiplicar en todos los sentidos.

Este es un ejemplo excelente de la bendición estipulada que está reservada para los que se unen: los fieles seguidores de Jesús obedecieron su mandamiento de permanecer en el aposento alto (ver Hechos 1:4).

Escuchemos las siguientes palabras narradas en la Biblia tras este incidente:

Cuando llegó el día de Pentecostés, estaban todos *unánimes* juntos.   (Hechos 2:1, RVR 60)

La palabra *unánimes* corresponde a la palabra griega *homothumadon*. Se define como "con una mente, con consentimiento unánime, de acuerdo, todos juntos".[7] Según esta definición, no queda espacio para la división, ni mentalmente ni conductualmente. Estaban unidos en propósito, mente, corazón y espíritu. ¿Cuál fue el resultado? ¡La Biblia dice que fueron *añadidas* tres mil personas al Señor ese día! La iglesia creció veinticinco veces en una sola reunión. ¡Dios mandó su bendición sobre su unidad! Es una ley espiritual.

---

7. Zodhiates, Spiros. *The Complete Word Study Dictionary: New Testament.* Chattanooga, TN: AMG Publishers, 2000.

Estoy seguro de que había algunos creyentes en el aposento alto que hubieran hecho las cosas distintas a como Pedro las hizo. No cabe duda de que hubiera sido una opción mejor seguir el ejemplo de Jesús y buscar primero a Dios durante un tiempo antes de tomar la decisión.

Aunque había una forma mejor de actuar al respecto, las personas que estaban en esa sala vieron la prioridad más alta de seguir siendo *uno* apoyando la estrategia de su líder. Todos siguieron hacia delante como si hubiera sido su propia idea. Si su líder toma una decisión que la Biblia categóricamente la cataloga como *pecado*, es la única vez que se nos dice que no nos unamos a ello. Sin embargo, la mayoría de los problemas surgen por los métodos, no debido a un pecado.

PARA REFLEXIONAR

1. Un padre es alguien que aporta liderazgo, apoyo y cultura para un individuo u organización. ¿Quiénes son figuras paternas en su vida? ¿De qué formas han sido un padre para usted?

2. Un hijo o hija fiel multiplicará el proceder de su padre. ¿Por qué es importante imitar el proceder de sus líderes? ¿Cómo asegura esto que no haya falta de conexión con la visión, los métodos y la cultura?

3. Multiplicar lo que le pertenece a otro exige que usted se reproduzca. ¿Está encontrando a otros con dones similares e impartiéndoles la sabiduría y la manera de proceder que usted ha aprendido? ¿Está formando a otros para hacer lo que usted está haciendo actualmente? Si no, ¿cómo puede comenzar a hacerlo?

12

OBSTÁCULOS PARA LA MULTIPLICACIÓN I

Amo, yo sabía que usted era un hombre severo, que cosecha lo que no sembró y recoge las cosechas que no cultivó. Tenía miedo de perder su dinero, así que lo escondí en la tierra.

—Mateo 25:24-25

Ahora ahondaremos en los motivos y pensamientos del administrador perezoso de la parábola de Jesús. ¿Por qué los otros dos siervos multiplicaron y él solo mantuvo? ¿Por qué a los siervos uno y dos se les identificó como "buenos y fieles", mientras que a este se le identificó como "perverso y perezoso"?

Dediquemos un tiempo a establecer primero una verdad: *Cuando alguien está en la presencia de Jesús, es imposible mentir.* ¿Por qué menciono esto aquí? ¿Alguna vez ha visto una película de espionaje y en un punto durante un interrogatorio, se administra un "suero de la verdad" para sacar a la luz las realidades ocultas? El espía o agente doble entonces revela lo que había jurado ocultar, y la verdad queda al descubierto.

Regresemos a una situación de la vida real. En nuestros primeros años de matrimonio, yo era inmaduro e inseguro. Se produjeron incidentes en los que yo me comporté de una forma que en ese tiempo me parecía aceptable, hasta que Lisa me confrontó. En nuestras discusiones, yo defendía firmemente mis acciones y motivaciones. Después, cuando estaba en oración y en la presencia de Dios, me daba cuenta de que ella tenía la razón. Regresaba con Lisa en humildad y admitía mi error.

El punto: engaño, falta de sinceridad, duplicidad y otras conductas similares no pueden existir en la presencia del Rey Dios. Jesús afirma:

> Llegará el tiempo en que todo lo que está encubierto será revelado y todo lo secreto se dará a conocer a todos. Todo lo que hayan dicho en la oscuridad se oirá a plena luz, y todo lo que hayan susurrado a puerta cerrada, ¡se gritará desde los techos para que todo el mundo lo oiga! (Lucas 12:2-3)

Jesús está hablando específicamente sobre el juicio en el que será imposible pensar o hablar de una forma engañosa, porque la verdad inundará la atmósfera y ninguna mentira ni palabra engañosa será pronunciada. El solo hecho de que la parábola de la administración representa el juicio, significa que podemos estar seguros de que la respuesta dada por el siervo perezoso es precisa. Él se deja a sí mismo al descubierto, incluso cuando eso le acusa.

Hay dos factores principales detrás del por qué no multiplicó *eternamente*:

+ No conocía el carácter de su amo.
+ Tenía miedo.

Estas dos razones se dan en orden. La segunda, a menudo –aunque no siempre– viene dada por la primera, ya que la ignorancia del carácter de Dios fácilmente fomenta el temor. Esto quedará claro a medida que sigamos destapando ambos errores.

"LO QUE YO CREO"

Acababa de volar ocho horas hasta Hawái para una conferencia. Aún con mi ropa de viaje, esperando que mi habitación de hotel estuviera lista, encontré un lugar donde descansar bajo la sombrilla de una piscina. Resultó ser que una mujer de negocios también estaba esperando; ella asistía a una conferencia distinta. Empezamos a hablar, y cuando supo que yo era un autor y ministro cristiano, comenzó a hablar más sobre su relación con Dios.

No tardé más de un minuto o dos en darme cuenta de que no conocía a Dios. Ella seguía hablando con confianza de lo que *creía*, y muy poco de ello se correspondía con lo que revela la Biblia. Mientras aún estaba exponiendo sus creencias, le pedí sabiduría al Espíritu Santo, y Él me mostró qué decir.

Cuando la mujer terminó su discurso, le pregunté: "¿Ve a ese hombre sentado al otro lado de la piscina?".

"Ah, sí", respondió ella.

"Permítame hablarle sobre él", le dije. "Es un vegano estricto, no come nada de procedencia animal, ni siquiera miel. Su sueño es estar en el equipo olímpico de natación de los Estados Unidos. Entrena y se prepara tres horas al día. Sus aficiones son el pádel, el tenis, el paracaidismo y la pintura. Está casado con esa mujer que está ahí junto al jacuzzi, y ella es diez años más joven que él".

La mujer estaba intrigada, pero también un poco confusa en cuanto a por qué cambié de tema de forma tan abrupta. Acababa de compartir conmigo sus pensamientos de Dios más profundos y, como respuesta, yo de repente estaba describiendo a un hombre que estaba al otro lado de la piscina. Su curiosidad pudo más, así que preguntó: "¿Está aquí ese hombre para asistir a la conferencia con usted?".

"No, señora".

"Bien, ¿de qué lo conoce?", preguntó, ahora con más curiosidad aún.

"Nunca he hablado con él".

Con expresión de confusión e interés, me preguntó cómo sabía tanto acerca de él. Su curiosidad llegó al límite. Hice una pausa, y después le dije: "Eso es lo que yo *creo* de él". Se quedó muda.

"Usted habló con la misma confianza de su *creencia* en quién es Dios", continué. "Pero casi todo lo que dijo de Él no es cierto. Lo sé porque lo conozco".

Entonces me giré, la miré fijamente a los ojos, y dije: "Lo que acabo de hacer con ese hombre que no conozco es igual que lo que usted acaba de hacer con Dios. Yo le dije lo que *creía* de ese hombre en la piscina, y parecía bastante convincente. Pero es muy probable que la mayoría de lo que dije no sea cierto, y la razón es que nunca me he tomado el tiempo de conocerlo".

La mujer estaba escuchando, pero parecía ligeramente conmovida.

"Dios nos dio su Palabra, escrita en las páginas de la Biblia, la cual revela quién es Él", le dije con calma. "También envió a su

Espíritu para revelarnos a Jesús, que a su vez nos muestra al Dios Todopoderoso, porque Él es Dios manifestado en carne".

Hice una pausa, y después le pregunté amablemente: "¿Cree usted que quizá ha creado un Dios imaginario en su mente, uno que realmente no existe?".

Tristemente, o bien no estaba lista para confrontar su falta de conocimiento de Dios, o tenía miedo de hacer frente a la realidad de conocerlo. Charlamos unos minutos más y enseguida separamos nuestros caminos.

Quizá usted sonría mientras lee esta historia, pensando: *Yo conozco a Dios. Voy a la iglesia y he leído la Biblia.* Sin embargo, debemos recordar la situación de los fariseos. Ellos tenían una asistencia perfecta a la iglesia, oraban y ayunaban regularmente, y podían recitar de memoria los cinco libros de la Biblia. Sin embargo, no pudieron reconocer a Dios manifestado en carne, a Jesús, cuando lo tuvieron delante de sus ojos.

CONOCER A DIOS

¿Quién obtiene el privilegio de conocer a Dios? Todos están invitados, pero hay parámetros establecidos. La puerta está abierta para una relación auténtica cuando nosotros, desde lo más hondo de nuestro ser, tomamos la decisión de entregarle nuestra vida por completo. No fingiendo, sino acompañado de las acciones correspondientes. Es sencillo; la verdadera vida solo se encuentra *en conocerlo a Él.*

No llegamos a conocer a Dios asistiendo a la iglesia, rodeándonos de amigos cristianos, leyendo libros, escuchando música de adoración, repitiendo una oración de "salvación", o incluso haciendo buenas obras. En la Escritura se alude frecuentemente a Jesús como el Novio, y a nosotros como la novia. Cuando una novia y un novio se unen, los dos se convierten en uno. Pablo escribe: "*Ilustra* la manera en que Cristo y la iglesia son uno" (Efesios 5:32). Para demostrar lo que significa conocerlo, Dios nos dio un sermón ilustrado, uno que es muy común entre la humanidad. Diariamente, se puede observar una clara representación de una relación con Él: *el matrimonio, el santo matrimonio*.

Cuando una novia recorre el pasillo de una iglesia vestida de blanco bajo la marcha nupcial, está haciendo una fuerte declaración. ¡Está diciéndole adiós a aproximadamente los otros 3 930 000 000 de hombres en el mundo! Le está dando todo su corazón, alma, cuerpo y vida al hombre que le espera en el altar. Es interesante que su decisión representa un verdadero "arrepentimiento". Está alejándose de todas las oportunidades de establecer una unión matrimonial con el resto de los hombres de la tierra. Ella y su esposo escogido entran en un pacto: él es totalmente suyo; ella es totalmente de él. Los dos se embarcan en un viaje que tiene el potencial de ser una relación cada vez más profunda, de conocerse el uno al otro más de lo que podrán conocer a ninguna otra persona.

Ahora quiero decir algo que podría parecer controvertido, pero ¡escúcheme bien! Creo personalmente que uno de los mayores obstáculos que hemos creado a la hora de *conocer* a Dios es la introducción de la "oración de salvación". Nuestra tradición por lo general es algo parecido a esto: vendemos una relación con Dios casi como si estuviéramos vendiendo un producto a un consumidor.

Tras el mensaje o la conversación, decimos: "¿Quiere conocer a Dios? ¿Quiere una relación con su Creador? Entonces haga esta oración: 'Jesús, ven a mi vida. Me arrepiento de mis pecados. Te recibo como mi Salvador. Gracias por perdonarme y ahora hacerme un hijo de Dios'".

Después, anunciamos las gratas noticias a todos los presentes, celebramos que nuestros nuevos convertidos están seguros para siempre en Dios, y los invitamos a nuestra congregación. Sin embargo, no hemos dicho nada sobre el arrepentimiento: su necesidad de alejarse permanentemente de un estilo de vida egocéntrico y de abandonar su vida para Él.

Solo podemos conocer verdaderamente a Dios entrando en una relación auténtica con Él, que es lo que Jesús resume en estos versículos. Conocer a Dios no es un evento puntual, sino una decisión firme de someterse a sus caminos por encima de lo que usted piensa que es mejor para usted. Esta es una decisión que se toma día a día, momento a momento.

Si un asunto está claramente revelado en su Palabra, no hay debate ni alternativas para no obedecer. Seguir a Jesús significa que usted ha tomado la decisión en su corazón de alejarse de lo que le ofende a Él y de servirle continuamente.

Una relación con nuestro Creador es verdadera lealtad del corazón, no meras palabras sin unas acciones auténticas que las acompañen. Comienza en el centro de nuestro ser, cuando deseamos profundamente actuar, y no solo oír. Hacemos *todo lo que* Él dice y después *conocemos*. Reconocemos y *conocemos* a Dios y su palabra. La traducción *The Passion* expresa Juan 7:17 de una forma muy bonita:

"Primero apasiónense por hacer la voluntad de Dios, y entonces serán capaces de discernir si mis enseñanzas proceden del corazón de Dios".

TEMOR SANTO

Hay una frase bíblica que describe nuestra discusión hasta aquí: *el temor del Señor*. Debido a todo el temor que abunda, especialmente en este día y hora, huimos de esta frase. Sin embargo, hay *dos temores*, y son totalmente opuestos entre sí. Uno es el "espíritu de temor", y el otro es el "temor del Señor". La Biblia distingue entre los dos. Moisés le dijo al pueblo de Dios justo después de salir de la presencia de Dios:

> *No temáis*; porque para probaros vino Dios, y para que *su temor* esté delante de vosotros, para que no pequéis. Entonces el pueblo estuvo *a lo lejos*, y Moisés *se acercó* a la oscuridad en la cual estaba Dios.　　　　　　　(Éxodo 20:20-21, RVR 60)

A primera vista, parece que Moisés se contradice. Permítame parafrasear su declaración para aclararlo: "No *teman* porque Dios ha venido para ver si su *temor* está en ustedes". Su declaración no es contradictoria, más bien está diferenciando entre "tener miedo de Dios" y "tener el temor del Señor"; hay una diferencia. La persona que tiene miedo de Dios tiene algo que esconder. Por otro lado, la persona que teme a Dios no tiene nada que esconder. Él o ella realmente tiene miedo de estar lejos de Él.

Así que permítame dejar algo muy claro desde el principio: *el temor del Señor no es tener miedo de Dios*. Como ya he dicho, el verdadero temor santo es tener miedo de estar lejos de Dios. No es bueno querer estar en cualquier otro lugar que no sea su presencia, cuidado y amor. Ahí usted es inconmovible, sin importar las circunstancias o cuán débiles parezcan ser las cosas; sabemos que no hay mejor lugar que estar cerca de Él. Esto es evidente por nuestra obediencia a Él.

Temer a Dios es venerarlo, reverenciarlo, honrarlo y respetarlo más que a cualquier otra cosa o persona. Es tenerlo en la más alta estima, aceptar los deseos de su corazón como más preciosos y valiosos que los nuestros. Amamos lo que Él ama y aborrecemos lo que Él aborrece. Lo que es importante para Él se convierte en importante para nosotros; lo que no es tan importante para Él, no es tan importante para nosotros.

Esta postura nos sitúa entre los que son bienvenidos a estar cerca de Él. Operamos apropiadamente en el temor del Señor cuando le obedecemos al instante; incluso aunque no tenga sentido, no haya un beneficio obvio, y quizá incluso parezca dañino para nuestro bienestar. Conocemos su carácter, y por lo tanto nos quedamos convencidos. Aunque algo pueda parecer perjudicial, nunca será así cuando obedecemos a Dios.

Por último, caminar en el temor del Señor se manifiesta obedeciéndolo hasta el fin. Se nos dice: "El principio de la sabiduría es el temor de Jehová" (Proverbios 1:7, RVR 60). ¿Qué sabiduría? Examinemos también lo que nos lleva a la respuesta: poner su Palabra por encima de cualquier cosa.

El temor del Señor es *el principio del conocimiento de Dios*. Hoy lo diríamos un tanto distinto. Quizá diríamos: "Entenderás el temor del Señor, y comenzarás a conocer a Dios íntimamente". El temor santo es el lugar de inicio para *conocer* a Dios. El salmista confirma esto declarando: "El Señor es amigo de los que le temen" (Salmos 25:14). Los amigos son aquellos que conocemos a nivel *íntimo*. Jesús hace una declaración impactante: "Ustedes demuestran que son mis amigos *íntimos* cuando obedecen todo lo que les he mandado" (Juan 15:14, TPT).

Muchas veces solemos decir que "amamos" a Jesús, y habrá una multitud de hombres y mujeres afirmando conocer a Jesús porque asistían a la iglesia, hablaban de Él en las redes sociales, escuchaban música sobre Él, hacían cosas en su nombre e incluso profesaban su señorío. Pero la respuesta de Jesús será: "No los conozco ni sé de dónde vienen" (Lucas 13:25).

PASE TIEMPO CON ÉL

El temor del Señor es el punto de inicio para conocerlo íntimamente, pero ¿por qué acampar en el punto de inicio? Profundice en su relación, porque Él le está llamando a acercarse. Se nos dice: "Acérquense a Dios, y Dios se acercará a ustedes" (Santiago 4:8). Nosotros determinamos el nivel de nuestra relación con Él.

Me sorprende cómo tantas personas que dicen ser creyentes obtuvieron su "conocimiento de Dios" de las redes sociales, la música de adoración, los blogs, conversaciones con amigos, y las charlas de su pastor sobre Él una vez a la semana, pero no pasan tiempo personal con Él.

Las últimas estadísticas reflejan que las personas de edades comprendidas entre los quince y los veinticinco años pasan 53,7 horas a la semana delante de las pantallas: teléfonos celulares, tabletas, computadoras y televisión.[8] Me pregunto cuánto tiempo pasan

8. https://www.barna.com/research/digital-babylon/. Consultado en línea 10 de enero de 2020.

en la Palabra de Dios. ¡Y esa pregunta no es relevante solo para la juventud!

Llevo leyendo mi Biblia más de cuarenta años, y sigue siendo una de las cosas favoritas que hago. Antes de leer, siempre le pido al Espíritu Santo que me revele a Jesús de una forma fresca. He pasado años levantándome temprano y pasando tiempo dando cortos paseos por mi sótano, o fuera en un lugar remoto, o en la habitación de un hotel, tan solo leyendo, orando y escuchando. No quiero ser uno de los que predicaron el evangelio por todo el mundo confiando solamente en mi don y sin llegar nunca a conocer al Dador del don.

Dios quiere tener intimidad con usted. Su amor perfecto echa fuera el temor. Por eso le animo a orar para que Dios le llene de su temor santo. Después pase tiempo de calidad con Él y descubra quién es Él realmente: Amor.

Dios nos buscó, nos amó y murió por nosotros mucho antes de que nosotros lo conociéramos. Él inició esta magnífica relación. Él está de su lado. Él anhela que usted lo conozca íntimamente. Sin embargo, Él nos ama tanto que rehúsa obligarnos a tener una relación.

¡Así que decídalo ahora! ¡Escoja la vida! Escoja conocerlo a Él… íntimamente.

PARA REFLEXIONAR

1. El temor siempre está impulsado por la ignorancia del carácter de Dios. ¿Cómo ha afectado el hecho de tener una visión incorrecta de la naturaleza de Dios la forma en que usted ha administrado sus dones y su llamado?

2. Una relación auténtica con Dios es posible cuando se entrega a Él por completo y vive obedeciendo su Palabra. ¿Hay alguna mentalidad o conducta que esté obstaculizando su relación con Dios?

3. Hay una gran diferencia entre *tener miedo de Dios* y *tener el temor del Señor*. ¿Cuál es la diferencia? ¿Por qué tener el temor del Señor es clave para conocer a Dios íntimamente?

13

OBSTÁCULOS PARA LA MULTIPLICACIÓN II

Amo, sé que usted tiene altos estándares y que aborrece
hacer las cosas de forma descuidada, que demanda lo
mejor y no consiente los errores. Tuve miedo.
—Mateo 25:24-25, msg

Ahora estamos listos para desarrollar la segunda afirmación del administrador perezoso: "tuve miedo". El miedo lo paralizó. Me encanta la traducción de *The Message* de las palabras del tercer siervo: "sé que usted tiene altos estándares… que demanda lo mejor y no consiente los errores".

Esto me recuerda una historia. Yo jugué al baloncesto bajo dos entrenadores. En ambos equipos yo era escolta, porque hacer canastas desde cuatro metros y medio de la línea de tres era una de las pocas cosas que hacía bien en el deporte.

Mi primer entrenador era un hombre que quería lo mejor de nosotros y usaba el ánimo y la corrección constructiva para conseguirlo. Sabía que él me defendía, que no estaba contra mí. Yo hacía lanzamientos desde todas las distancias con confianza. El hecho de que él creía en mí, fomentaba esa confianza.

Mi siguiente entrenador era distinto. En sus propias palabras, él era "alguien que tenía altos estándares y no consentía los errores". Cuando yo lanzaba un tiro y fallaba, el entrenador me corregía bruscamente durante el siguiente tiempo muerto, y la mayoría de las veces me sentaba en el banquillo poco después. No podía hacer buenos lanzamientos bajo su liderazgo. En mi tiempo de entrenamiento personal, cuando él no estaba presente, anotaba los lanzamientos desde cualquier posición. Era el mismo jugador con el mismo talento, pero no podía ejecutar bien cuando él estaba presente.

Si vemos la respuesta del siervo en el versículo de arriba, su *percepción* del amo era exactamente la misma que yo tenía de mi entrenador crítico. Pero hay una gran diferencia: *en realidad*, el amo del siervo no se parecía en nada a mi segundo entrenador.

Esta es la razón por la que es fundamental que dediquemos tiempo a conocer a Dios. Él no se parece en nada a la *percepción* que tenía este administrador perezoso. Dios está por nosotros; Él cree en nosotros y tiene confianza en nosotros. Si no lo *vemos* así, podemos sucumbir fácilmente al temor y enterraremos nuestros dones.

Abramos nuestra discusión con una declaración de verdad inconmovible: *lo opuesto al temor no saludable es el amor de Dios*. Cuando amamos a Dios y a los demás incondicionalmente, el temor es exterminado. Como escribe el apóstol Juan: "El amor perfecto expulsa todo temor" (1 Juan 4:18).

Con respecto a esta verdad, nunca olvidaré un encuentro esclarecedor que tuve con el Espíritu Santo en San Diego. Acababa de terminar un servicio, estaba solo en mi habitación, y me encontraba lidiando con el temor con respecto a nuestros hijos. Había oído de hijos de ministros que habían muerto de forma trágica y estaba intentando erradicar la preocupación que me acechaba. De repente, oí en mi corazón: "Hijo, el temor es un indicador. Solamente expone un área de tu vida que no me has entregado a mí; aún eres el dueño de esa área de tu vida".

Sus palabras captaron mi atención. Me di cuenta de que me había apoderado de lo que no tengo el poder de mantener. En cuestión de momentos de esta iluminación, grité en mi habitación: "Padre, estos hijos no son míos. Yo soy solamente un administrador de unos hijos que son tuyos. Por lo tanto, lo que tú desees para ellos es lo que quiero que suceda en sus vidas, por encima de todo. Puedes tomarlos a mitad de camino alrededor del mundo y llevarlos al cielo cuando estés listo para ellos, pero te pido fervorosamente que cumplan y hagan en este mundo todo aquello para lo cual tú los creaste".

Después grité incluso más alto: "Pero, diablo, en el nombre de Jesús, ¡no los toques! Declaro que son de Dios, ¡y te prohíbo matar, robar o destruir lo que es de Dios!".

Una paz abrumadora inundó mi corazón, y nunca me he vuelto a preocupar desde entonces por nuestros cuatro hijos. Si la preocupación intenta volver, le digo con firmeza: "Entregué el cuidado de nuestros hijos a Dios en San Diego, y no voy a recuperarlo". Cada vez, el temor ha remitido de inmediato y la paz ha regresado".

El temor es un capataz terrible. Es taimado, intenta obtener el control, y una vez que nos tiene agarrados es avasallador. Si no lo tratamos adecuadamente, alterará nuestro destino. Pero esta es la buena noticia: el temor es vencible, pero hay que lidiar con él adecuadamente.

NO DESCUIDE SU DON

Pablo escribió dos cartas a su "hijo espiritual": Timoteo. En ambas, habló sobre el hecho de que Timoteo estaba descuidando su don (*carisma*) y, por lo tanto, estaba inoperante. Establezcamos este punto importante desde ahora; Timoteo era un hombre devoto. Pablo alardeó de su probado carácter y fe genuina en sus epístolas. Timoteo ciertamente no entra en la categoría de alguien que esté paralizado por el miedo por no conocer el carácter de Dios. La primera carta de Pablo dice: "No descuides el don que hay en ti" (1 Timoteo 4:14, RVR 60).

¿Por qué Timoteo, o cualquiera de nosotros, descuida y no presta atención a un don dado por Dios, y en un caso extremo, ni siquiera piensa en él? Una razón podría ser: No está obrando o produciendo según nuestras expectativas.

La idea es: *Lo he intentado y no funcionó.* A menudo era tentado a pensar así cuando tenía veintitantos años y comienzo de los treinta. Otra realidad que aumentó mi lucha con pensamientos de fracaso fue cuando un amigo y yo estábamos enseñando una clase de escuela dominical. Durante este mismo espacio de tiempo, el promedio de la asistencia de mi clase era de aproximadamente veinte personas. Hubo una clase que yo daba durante este periodo de tiempo ¡a la que solo asistía una persona!

Hubo otras ocasiones, demasiado numerosas para enumerarlas todas, en las que me vi tentado a cuestionar mis dones. Ahora entiendo que, si hubiera cedido a esos pensamientos de expectativas no cumplidas y aparente fracaso, habría dejado el ministerio y habría emprendido otro camino, por el que finalmente hubiera sido un miserable por dejar el llamado de mi vida.

Otra razón por la que podemos descuidar y no prestar atención al don que Dios nos ha dado es: la crítica de otros.

Sin lugar a dudas, fui seriamente tentado a dejar de escribir después de que el primer editor, y posteriormente las editoriales, ignoraran, criticaran y rechazaran mi primer manuscrito. Más adelante, tras publicar yo mismo mi libro, un amigo hizo algunos comentarios despreciativos sobre mi estilo de escritura. Tras oír esos comentarios, aquella noche me tumbé en el piso de nuestro salón, sin moverme durante veinte o treinta minutos, mirando al techo, sintiéndome exageradamente desalentado. ¡Me preguntaba si había malgastado todo un año de mi vida, y mucho dinero, en ese libro! Pensaba: *El primer editor, las editoriales, ahora mis amigos, todos lo han criticado. ¡Despierta, John! ¿Por qué no puedes admitir que no sirve de nada y que has fallado?*

Si hubiera sucumbido a esos pensamientos y otros comentarios, no habría escrito el segundo libro, el cual también parecía ser un fracaso. Recuerdo enviarlo a mi antigua maestra de la escuela bíblica y ella también lo criticó duramente, ¡con lo que me quedé aún más devastado! Habían pasado ya dos años y medio y ninguno de los dos libros se había movido como hubiera querido.

Si en algún momento hubiera escuchado la crítica de otros y mis propios pensamientos de desaliento, me habría resultado muy fácil rendirme. Y no habría escrito el tercer libro que fue, por supuesto, *La trampa de Satanás*.

Otra razón por la que podemos pasar por alto y descuidar el don que Dios nos ha dado es: el temor al fracaso

Esta es la irónica realidad de este temor: esperamos fracasar aun antes de comenzar, así que nos protegemos ¡no intentándolo! El pensamiento es: *¿Por qué intentarlo si no va a funcionar?* ¿Cuántos sueños y visiones se han visto frustrados debido al temor a fracasar? No permita que los dones que Dios le ha dado se queden sin expresión en esta vida.

En las cartas de Pablo aprendemos que Timoteo ¡iba por el mismo camino que el administrador perezoso! El don que Dios le había dado yacía latente y él no le estaba prestando atención. Afortunadamente, tenía un buen padre en la fe que no permitiría que él siguiera en ese estado.

En la segunda carta que Pablo le escribió a su "hijo", no malgasta ni una pizca de tiempo y habla del asunto de inmediato: "Por lo cual te aconsejo que *avives* el fuego del don de Dios que está en ti" (2 Timoteo 1:6, RVR 60).

La palabra *avives* en griego es la palabra *anazōpuréō*, que se define como "reavivar un fuego".[9] Pero el diccionario de griego-inglés comunica el significado de esta palabra de forma incluso más

9. Zodhiates, Spiros. *The Complete Word Study Dictionary: New Testament.* Chattanooga, TN: AMG Publishers, 2000.

completa. Define esta palabra como "hacer que algo comience de nuevo, 'reactivar'".[10]

El don de Dios en Timoteo estaba inactivo y tenía que volver a operar de nuevo. Entonces, ¿cómo se produjo ese estado latente? Pablo explica la causa en el siguiente versículo:

> Porque no nos ha dado Dios espíritu de *cobardía*, sino de poder, de amor y de dominio propio.   (2 Timoteo 1:7, RVR 60)

La palabra griega para *cobardía* es *deilia*, que se traduce más concretamente como "timidez". Pablo está diciendo: "Timoteo, el don que Dios te ha dado está latente debido a un espíritu de *timidez*", o dicho de forma más clara incluso: "Timoteo, el don que Dios te ha dado está inoperante debido a un espíritu de *intimidación*".

Esta es una palabra con la que fácilmente nos podemos identificar. Intimidación significa "desalentarnos de hacer algo debido al temor". Pero el aspecto más importante es que el origen final de la intimidación es un *espíritu*. Es una fuerza espiritual, y si no tratamos el temor a un nivel espiritual, sus raíces no se arrancarán por completo.

MI BATALLA CONTRA LA INTIMIDACIÓN

Conozco todo esto porque batallé con este espíritu por muchos años. Suponía que era una debilidad de mi personalidad, pero durante un conjunto de reuniones a comienzos de 1990 descubrí que estaba totalmente equivocado en mi valoración. Las reuniones

---

10. Arndt, William, Frederick W. Danker, Walter Bauer, y F. Wilbur Gingrich. *A Greek – English Lexicon of the New Testament and Other Early Christian Literature*. Chicago: University of Chicago Press, 2000.

tenían previsto durar solo cuatro días en la iglesia de un pequeño pueblo, pero al final se convirtieron en un mover de Dios de tres semanas.

Cada noche, el edificio se llenaba al máximo y muchos eran salvados, sanados y liberados. El don de Dios en mi vida para predicar estaba a la máxima revolución. Era algo impactante. La gente viajaba hasta ciento cincuenta kilómetros para asistir a las reuniones de la noche. Recuerdo claramente entrar en el santuario vacío durante el día, y parecía como si la presencia de Dios se hubiera asentado en el edificio.

Pero una noche en la última semana, todo eso cambió. Algunos de los líderes de alabanza habían criticado mi ministerio la noche antes. Lo que habían dicho me lo contó uno de los líderes de la iglesia justamente antes de la reunión. Los comentarios parecían tendenciosos, pero inofensivos; sin embargo, no podía sacarme sus palabras de la cabeza. Mi enfoque cambió de la reunión venidera a la crítica de mi mensaje de la noche anterior. El pastor no prestó atención a sus comentarios; oramos y pasamos al santuario, como habíamos hecho durante muchas noches.

Esa noche todo parecía seco. Yo intenté ministrar como había hecho las dos semanas previas, pero estaba confuso, no podía hilar las ideas, y aborrecía estar en la plataforma. ¡Quería escapar por la puerta de atrás! No había unción; no había presencia de Dios en mí. Era horrible. Concluí la reunión pronto y regresé donde me estaba quedando.

Me di cuenta de que estaba enojado con Dios. *¿Por qué no me ayudó? ¿Por qué esa reunión fue tan distinta? ¿Por qué me sentí* *abandonado?* Pensé: *Ese mensaje y el tiempo de ministrar fueron paté-ticos. Nadie volverá mañana por la noche. De hecho, ni yo mismo quiero regresar mañana.*

Me fui a la cama con la esperanza de que al día siguiente todo sería distinto. A la mañana siguiente me desperté con pesadez, deprimido y desalentado. Intenté orar, pero no pude. La preocupación de saber qué era lo que andaba mal comenzó a aumentar. Esa tarde, pasé tres horas en oración. Luché con pensamientos de fracaso todo el tiempo. Me animé a mí mismo a superar la pesadez y me alentaba para la siguiente reunión.

Esa noche en el santuario, la adoración parecía tan seca como la noche anterior, y yo sentía que no tenía nada que dar. De nuevo, quería irme por la puerta de atrás. Una vez que me presentaron, subí y avancé a trompicones con mis palabras durante unos minutos. No podía desarrollar las ideas. En cierto punto escuché una voz en mi cabeza que decía: "¿Por qué dijiste eso? ¿A dónde vas con este mensaje? ¡Eres patético!".

En ese momento, me harté. De repente solté delante de seiscientas personas: "No sé qué es lo que está mal, pero algo no ha ido bien en las últimas dos noches. ¿Pueden por favor ponerse de pie y orar conmigo?".

Mientras todos orábamos, Dios me habló; la primera vez que oía su voz en más de veinticuatro horas. Me recordó lo que Pablo escribió en 2 Timoteo 1:7 y me dijo: "Hijo, te has dejado intimidar por el grupo de alabanza que está en la plataforma detrás de ti. Rompe el *espíritu de intimidación* y habla sobre lo que te estoy dando".

Hice lo que Él me dijo y de inmediato pude dar un osado mensaje basado en este versículo. Fue la reunión más poderosa de las veintiuna. El setenta y cinco por ciento de las personas pasaron al frente, admitiendo que también luchaban contra la intimidación. Los pasillos estaban llenos de gente buscando oración por liberación.

El pastor se puso en contacto conmigo pocas semanas después para decirme lo eficaz que había sido esa reunión. Los líderes que habían hecho los comentarios críticos sobre mí estaban viviendo en pecado abiertamente: adulterio, fornicación y borracheras. Todo se reveló en las dos semanas siguientes, y todos menos uno se fueron de la iglesia. El pastor me dijo que, desde entonces, su grupo de alabanza nunca ha estado tan unido y ha sido tan eficaz. Fue una experiencia que cambió la vida y el ministerio.

Para mí, fue el final de años de luchar contra la depresión e intentar dirigir algunas reuniones teniendo inoperante el don que Dios me había dado. El descubrimiento más importante fue aprender que tenemos que hablar directamente al *espíritu de intimidación*, del mismo modo que Jesús declaró la Palabra de Dios directamente a Satanás durante las tentaciones del desierto. Jesús no le pidió *a Dios* que aliviara los ataques; Él mismo lidió con el diablo, de manera firme e intencional.

EL REEMPLAZO DE ELÍAS

Le animo a leer 1 Reyes 17-19. Verá una experiencia con la intimidación, similar a la mía, que Elías tuvo con la reina Jezabel de Israel.

Este gran profeta había confrontado valientemente a la nación de Israel en el monte Carmelo, una oposición de 850 falsos profetas, el rey Acab y los ayudantes reales. Ante toda la nación, Dios respondió la oración de Elías de forma poderosa con fuego. Elías incluso había mandado al pueblo a ejecutar a todos los falsos profetas. ¡Elías se estaba moviendo poderosamente en su don! Después oró y puso fin a una sequía de tres años y medio. Dejó atrás a un carro real. Todo esto sucedió en un día. ¡Vaya día de ministerio!

Pero antes de ponerse el sol, Jezabel oyó lo que había sucedido y comenzó la verdadera batalla. Los espíritus son similares a los surfistas. Los surfistas necesitan olas en las que subirse; los espíritus necesitan palabras en las que subirse. Se nos dice: "ningún arma que te ataque triunfará. *Silenciarás* cuanta voz se levante para acusarte. Estos beneficios los disfrutan los siervos del Señor" (Isaías 54:17). Notemos que tenemos que silenciar cada voz que se levante contra nosotros. Este es nuestro trabajo, no el de Dios. Jesús no le pidió a Dios que silenciara a Satanás en el desierto. Ni debemos hacerlo nosotros cuando seamos atacados.

Obviamente, las palabras de Jezabel cargaban un gran espíritu de intimidación. Elías estaba confuso, deprimido, desalentado, y había perdido su visión. Estos son los síntomas de un espíritu de intimidación. La triste realidad es que la mayoría de las personas tratan los síntomas en lugar de tratar el espíritu que hay detrás de ellos.

Por ignorancia, yo también luché con estos síntomas por años hasta que esa noche Dios expuso los caminos de ese espíritu malvado. Tenía problemas en mi don y no sabía por qué.

Si nos vence la intimidación, a menudo Dios nos enviará a un lugar neutral para ministrarnos, porque Él nos ama. Yo ignoraba lo que estaba pasando en esas reuniones, pero no creo que fuera el caso de Elías. Él sabía cómo confrontar con valentía la oposición, pero tenía miedo de esta reina.

Dios ignoró por completo esta respuesta y le hizo la pregunta: "¿Qué haces aquí, Elías?" (1 Reyes 19:13). Elías se había rendido y no quería lidiar con el mal detrás del mal. Dios ignoró por completo su historia de "pobre de mí" y le dio la orden más asombrosa:

> Regresa por el mismo camino que viniste y sigue hasta el desierto de Damasco. Cuando llegues allí, unge a Hazael para que sea rey de Aram. Después unge a Jehú, nieto de Nimsi, para que sea rey de Israel; y unge a Eliseo, hijo de Safat, de la tierra de Abel-mehola, *para que tome tu lugar como mi profeta.*
>
> (1 Reyes 19:15-16)

¿Observó las últimas palabras: "tome tu lugar como mi profeta"? Dios estaba reemplazando a Elías porque sucumbió y fue vencido por la intimidación. Eliseo no se dejó intimidar a ese nivel. Fue valiente y no retrocedió ante ninguna maldad. Dios dice de él: "¡Y a los que escapen de Jehú, Eliseo los matará!" (1 Reyes 19:17). Entre Jehú y Eliseo, la malvada dinastía de Acab y Jezabel fue derrocada. Creo que esta tarea le correspondía originalmente a Elías, pero debido a la intimidación, el destino se vio alterado.

Elías, a diferencia del siervo perezoso, conocía el carácter de Dios. Sin embargo, su batalla muestra claramente lo que el temor y la intimidación pueden hacer con respecto a nuestro don y llamamiento.

Lo más importante es decidir firmemente no retroceder ante el temor y la intimidación. Dios nos respaldará cuando vayamos a combatir contra esta fuerza. Es vencible, pero debemos golpearla de frente con la Palabra y las promesas de Dios.

Repito: Dios está de su lado. Él cree en usted. Él quiere que usted florezca en los dones que ha puesto en su vida. No se retire. No deje que nada ni nadie le desvíe de su misión y de su destino.

PARA REFLEXIONAR

1. El temor ha sido el ladrón de muchos sueños. Es taimado, intenta obtener el control, y si no se maneja adecuadamente, alterará su destino. ¿De qué maneras ha intentado el temor alterar su destino?

2. Timoteo recibió la advertencia de no descuidar su don. ¿Por qué es peligroso ignorar su don? De los ejemplos dados, ¿con cuál de las razones para descuidar un don se identifica más usted? ¿Por qué?

3. La intimidación es un espíritu. ¿De qué formas se ha encontrado usted con este espíritu? ¿Cómo debemos vencer y derrotar a este espíritu?

14

DESCUBRA Y DESARROLLE SUS DONES

Explore cuidadosamente quién es usted y la obra que ha
recibido, y después sumérjase en eso.
Cada uno debe asumir la responsabilidad de ser lo más
creativo que pueda con su propia vida.
—Gálatas 6:4-5, MSG

Ahora pasamos al tema de descubrir y desarrollar los dones que Dios nos ha dado. Como ya hemos dicho, mi intención no es hablar sobre desarrollar los talentos y habilidades naturales. Con la práctica suficiente, casi todos pueden ser competentes en casi cualquier cosa.

Si yo dedicara diez mil horas a tocar un instrumento musical, podría pasar de ser un músico terrible a uno promedio. Mi tiempo y esfuerzo podrían hacer que escucharme tocar el piano o la guitarra fuera una experiencia grata, pero incluso después de todo ese ensayo, seguiría sin ser un *carisma* que impulse mi llamado a edificar el reino de Dios.

LA PARTICIPACIÓN DE DIOS

No hay fórmulas para descubrir su llamado y los dones que le acompañan. Aunque hay varios recursos que pueden ayudarle a descubrir aquello para lo que es bueno, cuando se trata de tener un impacto eterno se necesita la ayuda de nuestro Creador para descubrir su *llamado* y *carisma*.

Comencemos desde cero. Es crítico buscar y creer en la participación de Dios para descubrir nuestro *carisma*. La Biblia dice que Dios recompensa a los que lo buscan diligentemente en fe. No dice que Dios recompensa a los que lo buscan informalmente con dudas (paráfrasis del autor, acerca de Hebreos 11:6). En consonancia con esto mismo, Jesús nos dice:

> Sigue pidiendo y recibirás lo que pides; sigue buscando y encontrarás; sigue llamando, y la puerta se te abrirá. Pues todo el que pide, recibe; todo el que busca, encuentra; y a todo el que llama, se le abrirá la puerta. (Mateo 7:7-8)

Debemos tener un deseo apasionado por conocer nuestro *carisma*. Espero que este libro esté provocando en usted un deseo por descubrir y aceptar sus dones. Este anhelo le impedirá pedir, buscar o llamar de forma despreocupada, y en cambio será usted persistente. Dios quiere que se desarrolle una pasión en usted por lo que le está pidiendo.

Dios no es duro de oído. No está reteniendo nada. Él desea que usted no dé por hechos los dones que le da para edificar a su pueblo. Su pasión tiene que ser más fuerte que la adversidad que enfrenta mientras está de camino a sus sueños. Así que deje que el deseo crezca, y la espontaneidad le mantendrá buscando fervientemente conocer su *carisma* y sus dones.

No hay una forma marcada en la que Dios nos responde; para cada hijo es distinto. Me deja perplejo a veces cómo hablamos continuamente sobre una "relación personal" con Jesús, pero cuando se trata de oír a Dios, en este caso de entender nuestro *carisma* o dones, queremos una fórmula. Dios quiere que sea algo personal; quiere mantenerlo como algo especial entre usted y Él. Él no responde cada una de las oraciones de sus preciosos hijos del mismo modo. Por eso Jesús nos manda que sigamos pidiendo, buscando y llamando. Hay una "búsqueda" de su voluntad que es verdaderamente muy buena para nosotros.

En nuestra búsqueda deberíamos hacer preguntas, tanto a nosotros mismos como a otros. Todo esto es parte del proceso de búsqueda. No estamos buscando la sabiduría de los hombres, sino oír la voz de Dios dentro de las voces de aquellos con los que hablamos.

Es importante que sepamos con quién hablar. Debemos encontrar a quienes animan, pero a la vez no tienen miedo de decir la verdad. Me gustaría decir que estas personas abundan, pero son poco frecuentes. Conozco a personas a las que puedo acudir, que siempre me dirán lo que quiero oír. Después están los que son pesimistas, críticos y negativos casi con todo; les falta visión. Evite a ambos. Encuentre a la persona que tiene fe y es madura y sabia. Encuentre a un padre o una madre en la fe, o a alguien sabio que haya recorrido el camino antes que usted y que haya cometido errores y haya aprendido de ellos.

Busque a una persona que sea rápida en perdonar, alguien que no se quede atascado en una religión por repetición, sino que progrese con los tiempos y el mover fresco del Espíritu de Dios. Y lo más importante es que debe ser alguien que vea las cosas desde una perspectiva eterna. Cuando encuentre a esa persona, haga todo lo que pueda para mantener y atesorar la relación.

Hay muchos que son sabios para el mundo, pero les falta la visión eterna. Usted solo puede confiar en su consejo hasta cierto punto. Tenga cuidado cuando los escuche, y filtre siempre su consejo con la Palabra de Dios y la oración.

Los padres, su cónyuge y los pastores deberían tener todos ellos lo mejor para usted en su corazón y, por lo general, darle un consejo sabio, aunque hay excepciones. De joven yo compartía mis sueños con mi padre con respecto a estar en el ministerio. Su generación insistía en hacerlo "a la segura" (que es una debilidad cuando se trata de una vida de fe). Mi papá dijo: "Hijo, no hay seguridad en ese camino". Me sugirió la ingeniería porque se me daban bien las matemáticas y las ciencias, y él también era ingeniero desde hacía cuarenta años. Era una decisión de carrera más segura. Aunque tenía el don para esas materias, me sentía miserable porque no era el llamado de Dios para mi vida.

En mi tiempo de oración a solas, Dios continuamente atraía mi corazón al ministerio, aunque yo no quería tener nada que ver con ello. Todos los ministros que había conocido me parecían raros. Pero mi corazón aún era sensible a nuestro Creador. Antes de ser salvo, fui a un seminario católico durante una semana y me sentí como si fuera llamado al ministerio. Pero me dio miedo que, como sacerdote católico, nunca me casaría.

Pero una vez tras otra seguía recibiendo confirmación, lo cual finalmente me ayudó a dejar a un lado el consejo de mi padre. Lo respetaba mucho, lo cual agradaba a Dios, pero sabía que algo estaba terriblemente mal al haber estudiado y finalmente trabajado como ingeniero. Como había preguntado y buscado la dirección de Dios repetidamente, Él no permitiría que me equivocara de camino y me dejó esto muy claro.

Cuando el tema quedó zanjado, tuve una pasión ardiente que resultó en más de un año y medio de búsqueda. También estaba a tres cuartos de camino para conseguir mi título de ingeniería. Decidí acabarlo y después seguir el ministerio cuando me graduara. Fue una buena decisión, ya que aprendí estrategias que la escuela bíblica nunca me hubiera enseñado. *¡Dios usará todas las experiencias para entrenarnos!*

Otro elemento muy importante para descubrir su don es estar plantado en una iglesia local sana. La Escritura dice: *"Plantados* en la casa de Jehová, en los atrios de nuestro Dios *florecerán"* (Salmos 92:13, RVR 60). Si planta una semilla de algodón, no crecerán calabazas del suelo. El suelo es una iglesia local saludable, y cuando usted está comprometido, los dones que Dios le ha dado se manifestarán ahí. No importa si está llamado a los negocios, la educación, el gobierno, el deporte o cualquier otro campo; usted florecerá. Es el diseño de Dios.

PREGUNTAS PARA HACERSE USTED MISMO Y PARA AMIGOS SABIOS

Ahora dirijamos nuestro enfoque a hacer preguntas, tanto a usted mismo como a amigos sabios. Las preguntas correctas planteadas a las personas correctas pueden ayudarnos a despertar el reconocimiento de las cosas para las que tenemos un don. Estos son algunos ejemplos:

¿Qué se le da bien de modo natural?

Quizá su don sea entender los números, construir frases elocuentemente, armar cosas, crear historias de video, diseñar ropa u organizar eventos. Quizá tenga habilidades atléticas naturales, o un buen olfato para los olores, o un buen ojo para ver los detalles. Sea lo que sea, identifique sus puntos fuertes.

Si puede cantar afinadamente y tiene el deseo de llevar a personas a la presencia de Dios, este podría ser un indicador de que quizá esté llamado a adorar o a involucrarse en algún tipo de ministerio musical. Lo mismo sucedería si está interesado en el cuerpo humano y le fascina la medicina. Definitivamente debería preguntarle a Dios si está llamado al cuidado de la salud. La lista es interminable.

¿Qué le vigoriza?

Un día, mi asistente me pidió que llevara la cuenta de los "niveles de energía" en mi rutina de trabajo normal en una semana. Ella puso esta escala de calificación: las tareas que drenan mi energía reciben un -2; las que drenan cantidades pequeñas de energía un -1; las cosas que añaden mínima energía un +1; y finalmente, las cosas que me aportan mucha energía un +2.

Había varias tareas, como reuniones de departamento, viajar, papeleo, hacer las maletas para los viajes, y cosas así, que recibieron -2 y -1. Unas pocas recibieron un +1, pero las únicas dos cosas a las que honestamente pude darles un +2 fueron hablar y escribir. Me sorprendieron los resultados.

Al revisar esos resultados, me di cuenta de que a menudo, cuando estoy escribiendo, pierdo por completo la noción del tiempo. Hay veces que empiezo a escribir por la mañana temprano y no me doy cuenta de que ya es mediodía. Por lo general, estoy mentalmente cansado después de escribir tanto, pero también me siento vigorizado.

Lo mismo me sucede cuando predico. En los días de antaño, en los que no teníamos restricciones de tiempo, a menudo predicaba más de dos horas. Se me pasaban como si fueran treinta minutos.

He visto a Alec, nuestro hijo que es muy creativo, trabajar en proyectos innovadores durante horas con una pérdida total de la noción del tiempo. Ha brillado en nuestro departamento creativo. He observado a Lisa interactuar con mujeres durante horas, después de reuniones de mujeres, y perder todo concepto del tiempo. Ella se vigoriza con conversaciones que nutren.

Esta es una forma muy fácil de conocer su llamado: su verdadero don le vigorizará, aunque quizá esté cansado mental o físicamente durante largos ratos. Para los que han descubierto su verdadero don, las horas de ensayo, la competición o trabajar pueden parecerles minutos. Así que pregúntese: "¿Qué me vigoriza y periódicamente me hace perder la noción del tiempo?".

Su respuesta es un buen indicador de dónde está su don.

¿A qué se siente atraído?

¿Qué capta su interés? ¿Qué le hace cobrar vida? Cuando canta, ¿se llena su corazón? ¿Se da cuenta de que usted canta cuando nadie más lo hace?

¿Qué revistas le interesan? ¿Qué videos de YouTube le emocionan? ¿Qué hace que usted se detenga cuando revisa Pinterest? ¿Qué asignaturas eran sus favoritas en la escuela? ¿A qué sección de libros suele ir cuando entra a una tienda de libros?

Esta es una pregunta importante: ¿qué le atraería hacer incluso aunque no le pagasen nunca por ello? La mayoría de los deportistas profesionales jugarían a su deporte, aunque no les pagaran por ello.

¿Cuántas personas se sienten fatal en su trabajo porque lo hacen solo por una razón: recibir un sueldo?

Cuando comenzamos por primera vez el ministerio, Lisa y yo decidimos que mis regalías por escribir irían a Messenger International. Ahora he escrito más de veinte libros y cada uno toma un promedio de entre 400 y 450 horas de tiempo para escribirlo y editarlo. Esto significa que he invertido casi nueve mil horas en escribir. Eso es más de tres años de escribir ocho horas al día, incluyendo los fines de semana. En esencia, no me han pagado por esos tres años. Lo he hecho porque es mi don que mejora mi llamado.

Puedo decir sinceramente que, si tuviera que elegir entre hacer esto y que me pagaran 200 000 dólares al año como ingeniero, volvería a hacer esto sin dudarlo.

¿Hacia quién se siente atraído?

Reconocer hacia quién se siente atraído también revela mucho sobre su llamado y sus dones. Ciertas personas despiertan y destapan los dones que hay dentro de usted. Encuentre su tribu: aquellos que tienen dones y llamados similares al suyo. Ellos se volverán fundamentales para entender quién es usted y cómo le ha preparado

Dios con sus dones. Su tribu debería ser personas que le acepten y entiendan.

Me encanta sentarme con otros ministros y discutir aventuras y retos del ministerio y, por supuesto, la Palabra de Dios. También me encanta sentarme con empresarios y personas de negocios. Todas estas son áreas de fortaleza en mi vida.

Dirigir una organización ministerial tiene muchas similitudes con dirigir una empresa en el mundo laboral. Lisa y yo hemos tenido que ser emprendedores. Cuando éramos jóvenes, no había ministerios conocidos parecidos a lo que nosotros queríamos hacer; ninguno tras el que pudiéramos modelar el nuestro. Tuvimos que trazar un camino. Por esta razón, los emprendedores en el mundo laboral siempre han despertado cosas en mí que me han ayudado, de una forma más idónea y competente, a hacer lo que estamos llamados a hacer. Encontrar su tribu puede ayudarle a identificar, e incluso a extraer, su don.

De nuevo, es importante recordar que ninguna de las respuestas a estas preguntas puede sostenerse sola y apartadas de su tiempo personal de buscar a Dios para ver lo que le ha llamado a hacer específicamente. Muy pocos ministros que me hablaron en mis años de formación podían ver los llamados y dones únicos y distintos que había en Lisa y en mí. Por otro lado, hubo un puñado de personas sabias que nos ayudaron a dirigirnos en la dirección que sentíamos en nuestro corazón.

DESARROLLE SU DON

Dios nos ha dado a cada uno el potencial de edificar nuestra vida, lo cual ayuda a edificar su reino. Sin embargo, en algún momento u

otro todos tendremos que enfrentar el hecho de que no basta solamente con tener potencial; debemos hacerlo realidad.

¡Qué triste sería que usted o yo llegáramos al final de nuestra
vida sabiendo que aún teníamos más que aportar! *Determine en este
momento que usted morirá vacío, sin retener nada.* Habrá derramado
todo lo que hay en usted para quedarse vacío. *El mundo necesita lo
que usted tiene, los dones que Dios le ha dado.*

Una idea interesante de la realidad de los dones que Dios nos ha
dado se encuentra en Proverbios 18:16:

> La dádiva del hombre le ensancha el camino y le lleva delante
> de los grandes.   (RVR 60)

Su don le "ensancha" y le lleva ante "personas importantes".
"Ensanchar" significa "hacer espacio". El "espacio" del que estamos
hablando aquí es doble. En primer lugar, su don hace espacio para
que usted cumpla su potencial, cerrando la brecha entre *donde usted
está y donde podría estar.* En segundo lugar, su don hace espacio para
que usted sea ascendido a nuevos niveles de su destino. Tenga en
mente que con cada ascenso se requiere un estándar más alto de
habilidad. De nuevo, Salomón escribe:

> Si tiene un don particular en su trabajo, brillará y será ascen-
> dido. No se quedará atrás.   (Proverbios 22:29, TPT)

¿Podría ser que muchos no están progresando en sus llamados
porque sus dones están sin desarrollar? ¿Podría ser que el grado en
que desarrollemos nuestros dones determina el grado en que *podemos ser* ascendidos?

Vayamos a las palabras de Pablo a Timoteo, pero esta vez continuaremos con su remedio sugerido para su hijo espiritual:

> No descuides el don que hay en ti, [ese talento interior especial] que te fue directamente impartido… *Practica y cultiva y medita en estas obligaciones; lánzate por completo a ellas* [como tu ministerio], para que tu *progreso pueda ser evidente* para todos.
>
> (1 Timoteo 4:14-15, AMPC)

Hay mucho que aprender de estas sabias palabras. Observamos a hombres y mujeres que sobresalen en sus ámbitos, y a veces es fácil menospreciar su éxito diciendo: "Nacieron con un don especial". El hecho es que ellos, al igual que usted, sin duda nacieron con un don, y ellos decidieron desarrollarlo. Solo porque no los veamos perfeccionar su don no significa que no hayan trabajado duro con él.

Descuidamos nuestro don prestándole poca atención. Se le dice a Timoteo que su progreso sería evidente al invertir totalmente en el desarrollo de su don, algo que Pablo escribió que se conseguiría mediante la *práctica*, el *cultivo* y la *meditación*. Examinemos brevemente cada uno de estos tres elementos.

Practicar

Practicar significa "realizar o trabajar repetidamente para ser competente", según el diccionario Merriam-Webster. La práctica privada determina nuestro desempeño en público, porque siempre lo realizaremos según el nivel en el que hayamos practicado. Es fácil maravillarnos por una actuación pública espectacular, pero también podemos perder de vista las semanas, meses y años de entrenamiento y trabajo duro que fueron necesarios para ese nivel de práctica constante.

Según los expertos en la ciencia de la conducta y el desarrollo humano, se tarda aproximadamente diez mil horas de práctica en ser competente o en dominar una habilidad en concreto. Sin embargo, el Profesor K. Anders Ericsson, de la Universidad Estatal de Florida, desafía la idea tradicional de que "la práctica consigue la perfección". El profesor revela que no basta con practicar diez mil horas a menos que esas horas de práctica se hagan con la intención expresa de mejorar, en lugar de tan solo hacerlo por inercia. Él denominó a este tipo de práctica la "práctica deliberada". Escribe así:

> Así que aquí tenemos la práctica deliberada en dos palabras: salga de su zona de comodidad, pero hágalo de una forma enfocada, con unas metas claras, un plan para alcanzar esas metas, y una forma de monitorear su progreso.[11]

A menos que nos obliguemos a ir más allá de nuestro nivel de comodidad y destreza, nunca creceremos. Si no somos "deliberados", el peligro está en que cuando lleguemos al nivel de "suficientemente bueno", podemos sentirnos complacidos. Entonces será solo cuestión de tiempo hasta que nos volvamos descuidados en nuestra práctica, lo cual finalmente tendrá un efecto negativo en nuestro desempeño y obstaculizará tener una mayor multiplicación.

Desarrollar nuestra área de fortaleza nos libera, no nos limita. Aumenta nuestro potencial para multiplicar. Esto no significa que

---

11. Anders Ericsson, *Peak: Secrets from the New Science of Expertise*. New York: Houghton Mifflin Harcourt, 2016, p. 22.

no trabajemos en áreas de debilidad o que no adquiramos nuevas habilidades; significa que estamos enfocados e invertimos en las áreas que nos darán el máximo beneficio sobre nuestro potencial.

Yo recomiendo aprender nuevas habilidades, pero nunca siendo negligente con sus áreas de llamado.

El crecimiento no es automático; exige intencionalidad. A menos que estemos practicando continuamente para poder ser "hábiles" en nuestros dones, nunca descubriremos todo nuestro potencial. Por eso debemos mantenernos comprometidos con el crecimiento personal. La mayoría de las personas quieren hacer grandes cosas con su vida, pero no todos están dispuestos a trabajar todo lo necesario para ser grandes. Practicar es pagar el precio que produce grandes recompensas.

Cultivar

Practicar es algo práctico, mientras que cultivar es más educativo. "Cultivar" significa "desarrollar o mejorar mediante la educación o el entrenamiento; promover el crecimiento y desarrollarlo".[12]

Cuando piensa en la palabra *cultivar*, piense en "entrenar". Entrenar es fundamental para su crecimiento y desarrollo personal, ya que le aporta crítica constructiva y guía que no puede adquirir por usted mismo. Cualquiera que haya destacado en su don ha sido entrenado y guiado por otros a lo largo de su camino. El elemento maravilloso de los entrenadores es que ven su potencial y están comprometidos a sacarlo de usted, ¡aunque eso incluya tener que ser duro con usted!

---

12. "Cultivate". Dictionary.com. Consultado en línea 1 de febrero de 2020. https://www.dictionary.com/browse/cultivate.

Entrenar puede producirse a través de un mentor-pupilo, padre-hijo, madre-hijo, maestro-estudiante, relaciones de entrenamiento, aprendizajes, internados, e indirectamente mediante libros, cursos y recursos que tenemos a nuestra disposición en abundancia.

Otra forma de recibir educación para sus dones es reunirse con quienes comparten dones similares. De nuevo, como dijimos antes, a menudo se hace referencia a esto como "encontrar a su tribu". Cuando está ante los que comparten talentos y pasiones similares, eso ofrece la oportunidad de colaborar e innovar juntos.

Meditar

"Meditar" significa "reflexionar; contemplar". Cierto crecimiento solo se puede producir cuando dedicamos tiempo a detenernos y reflexionar en las lecciones que estamos aprendiendo. Cuando monitoreamos sinceramente nuestro crecimiento y nos damos tiempo para evaluar nuestro progreso y desempeño, nos posicionamos en un buen lugar para ser conscientes de las áreas específicas que necesitan atención o mejora.

Mi amigo John Maxwell a menudo recuerda a sus audiencias y lectores que la experiencia no es el mejor maestro: lo es la *experiencia evaluada*. Al reflexionar en su progreso, preste atención a la crítica que reciba de entrenadores y compañeros, así como a pensar en maneras innovadoras de mejorar y utilizar sus dones. Hágase a usted mismo y a Dios las preguntas correctas: ¿Qué tengo que cambiar? ¿Cuáles han sido mis mayores áreas de crecimiento? ¿Cuáles son las áreas a las que tengo que prestar más atención? ¿Qué tengo que hacer para conseguir el avance que necesito para ir a un nuevo nivel?

El tiempo de reflexionar nunca es tiempo perdido.

NO RETENGA NADA

Leamos las palabras de Pablo a Timoteo:

Practica y cultiva y medita en estas obligaciones; *lánzate por completo a ellas* [como tu ministerio], para que tu progreso pueda ser evidente para todos.   (1 Timoteo 4:14-15, AMPC)

Todo lo que hemos discutido depende de que nos lancemos por completo a lo que Dios nos ha llamado y nos ha dotado para hacer. Su llamado demanda todo nuestro compromiso. A medida que nos damos de todo corazón a lo que Dios nos ha confiado, nuestro progreso será evidente para todos, y multiplicaremos nuestro potencial.

Cada uno de nosotros es responsable de administrar sus dones y hacer lo más creativo que podamos con nuestras vidas. Hasta ahora hemos visto que el grado en el que desarrollemos nuestros dones determinará el grado al que podremos avanzar en nuestra esfera de llamado y multiplicar nuestra eficacia.

Tenemos una sola oportunidad en esta vida para dar todo lo que tenemos. No retengamos nada, y vaciémonos, derramándonos por completo como un regalo que le devolvemos a Dios. Esto es vivir. Viviendo así es como cobraremos verdaderamente vida y la experimentaremos al máximo.

PARA REFLEXIONAR

1. No hay fórmulas para descubrir su llamado. Aunque hay varios recursos que pueden ayudarle a descubrir en lo que es bueno, localizar su llamado y sus dones será algo que requiere la

participación de Dios. ¿Ha buscado a Dios para que le dé sabiduría con respecto a su llamado y sus dones? ¿Qué le ha mostrado Él?

2. En nuestra búsqueda de nuestro llamado, deberíamos hacernos a nosotros mismos, y a otros, algunas preguntas. Todo esto es parte del proceso. Encuentre personas en las que confíe y pregúnteles qué ven en usted.

3. No basta meramente con tener talento; debe materializarlo. ¿Por qué es importante que desarrolle sus dones? ¿Qué sucede cuando desarrolla y hace crecer sus dones intencionalmente?

15

UNGIDO

> Y el que nos confirma con vosotros en Cristo,
> y el que nos ungió, es Dios.
> —2 Corintios 1:21, RVR 60

Durante un reciente día festivo de Acción de Gracias estábamos sentados en familia en torno a la mesa del salón. Lisa había preparado un gran festín. Todos estábamos disfrutando del placer posterior y de la compañía de los demás. Sentí que como el papá que era, tenía que decir algo a mi familia, así como a algunos miembros de nuestro equipo que estaban con nosotros.

Después de hacer una oración en silencio, vino una palabra a mi corazón: "Chicos, ya tengo sesenta años y siento, de varias maneras, mi responsabilidad en mi función de padre de compartir algo de sabiduría. Si me preguntaran qué es lo más importante que Lisa y yo hemos hecho en nuestro caminar con Dios durante los últimos cuarenta años, sería esto: *mantenernos constantes*.

"Hemos tenido muchas oportunidades durante los años de 'tirar la toalla', por así decirlo. También, muchas oportunidades de comprometer la verdad para obtener un beneficio personal, autopromoción o para aliviar una dificultad que estábamos experimentando. Pero hemos decidido hacer de la verdad nuestro ancla, aferrándonos a ella por muy dolorosas que sean las circunstancias.

"Algo muy sabio que Job dijo en su confusión fue: 'Al menos puedo consolarme con esto: a pesar del dolor, no he negado las palabras del Santo' (Job 6:10). Cuando he cometido errores (y he cometido unos cuantos), me he arrepentido rápidamente y he pedido perdón tanto a Dios como a los hombres. Ahora miro las bendiciones que abundan por obedecer constantemente a la verdad, y son innumerables. Dios es muy misericordioso".

LA UNCIÓN

Una gran bendición que ha resultado de someterme continuamente a la verdad es "la unción". Para entender esto, veamos la gran ordenación, el día en que Dios Padre invistió a Jesús como Rey del cielo y de la tierra:

> Porque has amado la justicia y detestado la maldad. *Por esta razón*, Dios, tu Dios, *te ha ungido* y ha derramado el aceite de la dicha sobre ti *más que sobre cualquier de tus amigos*.
>
> (Hebreos 1:9, TPT)

Prestemos atención a las palabras *por esta razón*, ya que son cruciales para entender una verdad clave. La inmovilidad de Jesús en dos asuntos dio como resultado un gran beneficio, y su ejemplo debería ser nuestra norma. Jesús amó la *justicia*. Pero al mismo tiempo detestó la *maldad*. A muchos cristianos no les *gusta* la maldad, pero este no es el corazón de Jesús: Él la *detesta*. La palabra griega es *anomía*, que en esencia significa "desobediencia a la autoridad de

Dios". Él detestó todo lo que tuviera que ver con apartarse de la autoridad de Dios. Su firme obediencia fue la razón por la que la unción sobre su vida era más poderosa.

¿Por qué concluyo este libro sobre la multiplicación hablando sobre *la unción*? La respuesta es simple, pero importante: *la unción es lo que aviva las habilidades que Dios nos ha dado para multiplicar eternamente.* Véalo como un potenciador de lo que se le da bien hacer. Permítame darle dos rápidos ejemplos.

He escuchado a personas con voces tremendas, pero después he escuchado a algunos con voces menos magníficas que tocaron mi corazón profundamente. La diferencia fue *la unción*. También he escuchado a personas dar mensajes con un contenido profundo, mientras que ha habido otros mensajes menos notables que me afectaron profundamente a nivel del corazón, lo cual produjo un cambio de conducta. La diferencia fue *la unción*.

El mismo efecto es cierto para todos los siervos de Dios, al margen de cuál sea el área de su llamado, ya sea el gobierno, la empresa, las artes, la educación o cualquier otro. El rey David hizo esta declaración:

> Pero has exaltado mi cuerno (emblema de una fuerza excesiva y una gracia majestuosa) como el de un búfalo; estoy *ungido* con aceite fresco. (Salmos 92:10, AMPC)

Sus palabras son muy reveladoras. Al examinar algunos de los principales comentarios sobre este versículo, hay un acuerdo mutuo en que el énfasis no está en el "búfalo salvaje", sino más bien en la idea de que "Tú me has hecho muy fuerte". La unción produce gozo. Dios lo llama *el aceite de la dicha* o *gozo*, lo cual, según la Escritura, es nuestra *fortaleza* (ver Nehemías 8:10). En esencia, el salmista declara que la unción nos hace fuertes. Mejora y fortalece los dones en nuestra vida para dar fruto eterno.

David menciona que el aceite es *fresco*. La unción no es algo que ocurre una sola vez, más bien es la bendición que comienza y continúa en alguien que camina constantemente en sumisión a Dios.

Sigamos examinando la unción y a quién se le da. Leamos de nuevo la frase de Pablo destacada al principio de este capítulo:

> Y el que nos confirma con vosotros en Cristo, y el que *nos ungió*, es Dios. (2 Corintios 1:21, RVR 60)

La palabra para "ungió" aquí en griego es *chríō*. Se define como "asignar a una persona una tarea, con la implicación de una *aprobación*, bendición y capacitación sobrenaturales; 'ungir, asignar, *señalar*'".[13]

La palabra *aprobación* se define como "un permiso acreditado o autorización, para una acción". Dicho de forma sencilla, la unción es la *aprobación divina para actuar*. La unción fue la aprobación de Dios sobre Jesús *para hacer* algo. Repito: es para actuar.

Otro elemento clave de *chríō* son las palabras definitorias *asignar* o *señalar*. Al servir a Dios, siempre hay un periodo de prueba. Se nos prueba en obediencia antes de ser señalados, o ungidos.

Jesús dice en más de una ocasión: "Muchos son llamados, mas pocos escogidos" (Mateo 20:16 y 22:14, RVR 60). Creo que la palabra *muchos* se refiere a todos los que le pertenecen. Cada uno de nosotros tiene un llamado divino. Sin embargo, la palabra *escogido* significa

---

13. Louw, Johannes P., y Eugene Albert Nida. *Greek – English Lexicon of the New Testament: Based on Semantic Domains.* New York: United Bible Societies, 1996.

"señalado", y según Jesús, ese número, tristemente, son "pocos". ¿Por qué? Hay un proceso de aprobación que se debe pasar.

Yo quería que mi familia y los miembros del equipo que estaban presentes supieran que la *obediencia continua*, amar la justicia y aborrecer la maldad es crucial para el cumplimiento de nuestro destino, porque esa constancia nos posiciona para su unción.

Al mirar atrás a nuestras vidas, Lisa y yo hemos obedecido a Dios en algunos tiempos muy difíciles: a menudo esta obediencia parecía contraproducente, incluso perjudicial, para nuestro crecimiento, bienestar, popularidad, o muchos otros beneficios personales de los que aparentemente nos estábamos alejando. Pero lo que parecía no ser ventajoso para nosotros a corto plazo, finalmente terminó siendo la llave que abrió una puerta importante para nuestro destino.

SU COMISIÓN

Usted ha sido llamado tanto como cualquiera, incluidos sus mayores héroes de la fe. Es más que probable que su llamado no esté en el mundo de la iglesia organizada, porque solo algunos, un pequeño número, está llamado a esta esfera. Usted tiene el privilegio de sobresalir, de destacar en la esfera de la vida a la que ha sido enviado.

+ Daniel *destacó* en las oficinas gubernamentales de Babilonia (ver Daniel 6:3, RVR 60).

+ José *destacó* en la gran nación de Egipto (ver Génesis 41:49).

+ Febe *sobresalió* como ministra del evangelio en Cencrea (ver Romanos 16:1).

+ Su llamado no es distinto.

Sus dones son únicos. Dios ha puesto en usted las habilidades necesarias para cumplir su misión. Usted ha sido dotado para construir el tabernáculo de Dios con las habilidades que Él le ha dado. Sin embargo, este santuario no está hecho de oro ni de otros materiales usados para construir el tabernáculo del Antiguo Testamento o el templo de Jerusalén.

Hoy, el tabernáculo de Dios está hecho de piedras vivas, seres humanos, y estas piedras vivas están siendo edificadas como una habitación de Dios (ver 1 Pedro 2:5 y Efesios 2:20-22). Usted ha sido dotado para edificar personas para la gloria de Dios.

Usted está empoderado para multiplicar. Somos mayordomos de los dones que Dios nos da, y su deseo es que usted y yo le devolvamos un fruto multiplicado producido por esos dones. Para multiplicar, debemos buscar las estrategias del cielo.

Usted multiplica invirtiendo. Esto adopta muchas formas, pero cuando soltamos, recibimos una cosecha de bendiciones. Si la semilla no se planta (si no se invierte), queda sola, pero cuando se invierte produce una cosecha multiplicada. No deje de invertir nunca; es la clave para su siguiente nivel de eficacia.

Su catalizador es servir. Si su motivación es cualquier otra que no sea servir, terminará en un lugar donde no querrá estar. Su lámpara continuará disminuyendo, incluso hasta el punto de apagarse. Pero, anímese, pues Él no apagará una lámpara humeante, sino que continuamente buscará captar su atención y volver a encender su fuego (ver Isaías 42:3).

Desee la unción. Es su potenciador. Impulsará su trabajo para que sea eterno. Exaltará su fortaleza y le hará destacar en la esfera de su llamado. Le separará de aquellos del mundo, e incluso de la iglesia, que usan los dones que Dios les ha dado para propósitos egoístas o mundanos.

Debe tener fe. Es la única forma de multiplicar el potencial que Dios le ha dado. Sin fe, "es imposible agradar a Dios" (Hebreos 11:6). Para hacerla crecer, debe oír su Palabra.

Por eso sería sabio leer este libro otra vez, y otra. ¡Pero no solo lo lea! Deje el libro y medite en cómo estas verdades se aplican a su vida, y después actúe sobre ello. Meta la Palabra de Dios en su espíritu a través de la lectura, meditación y oración hasta que llegue a creer que está llamado para multiplicar. Esta convicción dentro de usted para multiplicar debería ser mayor que lo que le dicten sus circunstancias externas.

Finalmente recuerde: *¡Dios está de su lado!* Él dice:

Pues yo sé los planes que tengo para ustedes –dice el Señor–. Son planes para lo bueno". (Jeremías 29:11)

Y de nuevo se nos dice enfáticamente:

Si Dios está a favor de nosotros, ¿quién podrá ponerse en nuestra contra? Si Dios no se guardó ni a su propio Hijo, sino que lo entregó por todos nosotros, ¿no nos dará también todo lo demás? (Romanos 8:31-32)

Escuche estas palabras; su Creador es su Padre, y desea que usted tenga éxito en la labor que Él le ha llamado a hacer.

Como un padre en la fe que acaba de cumplir sesenta años, ¡yo también estoy de su lado! Le estoy animando a ir más lejos de lo que mi generación y yo hemos llegado. Servimos a un Rey, somos ciudadanos de un reino, somos miembros de una casa, tenemos una fe, una misión: edificar la casa de Dios en la que Él habitará eternamente.

Trabajemos juntos. Seamos uno y mantengamos la unidad. Veamos su gloria llenar su morada una vez más. No hay otra solución para los problemas del mundo.

Le amo, pero lo más importante, es que Dios Padre, Jesucristo el Hijo y el Espíritu Santo le aman profundamente. Y *su amor por usted es para siempre.*

Y al que es poderoso para guardarles de todo tropiezo *o* resbalón *o* caída, para presentarles inmaculados (sin culpa ni falta) ante la presencia de su gloria en gozo *y* exultación triunfante [con un deleite indescriptible y eufórico]. Al único Dios, nuestro Salvador mediante Jesucristo nuestro Señor, sea la gloria (esplendor), la majestad, la fuerza *y* el dominio, y el poder *y* la autoridad, antes que fuera el tiempo y ahora y para siempre (hasta todas las edades de la eternidad). Amén (así sea).

(Judas 1:24-25, AMPC)

PARA REFLEXIONAR

1. La unción es lo que aviva las habilidades que Dios nos ha dado para multiplicar. ¿Cómo se cultiva la unción? ¿Qué diferencia marca la unción para que sus dones funcionen más?

2. ¿Cómo se puede mantener fresca la unción en su vida? ¿Qué sucede si la unción se da por sentada?

3. ¿A qué esfera de la vida ha sido usted llamado en la que marcará una diferencia? ¿De qué maneras podría destacarle la unción dentro de esa esfera de influencia en particular?

SALVACIÓN, DISPONIBLE PARA TODOS

Si declaras abiertamente que Jesús es el Señor y crees en
tu corazón que Dios lo levantó de los muertos, serás salvo.
Pues es por creer en tu corazón que eres declarado justo
a los ojos de Dios y es por declarar abiertamente tu fe que
eres salvo.
—Romanos 10:9-10

Dios quiere que usted experimente la vida en toda su plenitud. Él está apasionado con usted y con el plan que tiene para su vida. Pero solo hay una forma de comenzar el viaje hacia su destino: recibiendo la salvación mediante el Hijo de Dios, Jesucristo.

A través de la muerte y resurrección de Jesús, Dios abrió un camino para que usted entre en su reino como una hija o hijo amado. El sacrificio de Jesús en la cruz hizo que la vida eterna y abundante esté disponible gratuitamente para usted. La salvación es el regalo de Dios para usted; no puede hacer nada para ganarla ni para merecerla.

Para recibir este precioso regalo, primero reconozca su pecado de vivir independientemente de su Creador, porque esta es la raíz de todos los pecados que ha cometido. Este arrepentimiento es una parte vital de recibir la salvación. Pedro dejó esto muy claro el día que cinco mil fueron salvos en el libro de los Hechos: "Así que, arrepentíos y convertíos, para que sean borrados vuestros pecados" (Hechos 3:19, RVR 60).

La Biblia declara que cada uno de nosotros nace siendo esclavo del pecado. Esta esclavitud tiene su origen en el pecado de Adán, quien comenzó el patrón de una desobediencia deliberada. El arrepentimiento es la decisión de alejarse de obedecerse a usted mismo o a Satanás, el padre de mentiras, y acudir en obediencia a su nuevo amo, Jesucristo, el que dio su vida por usted.

Debe entregar a Jesús el señorío de su vida. Hacer a Jesús "Señor" significa darle la propiedad de su vida (espíritu, alma y cuerpo), todo lo que usted es y tiene. Su autoridad sobre su vida se convierte en absoluta. En el momento en que usted hace esto, Dios le libra de la oscuridad y le transfiere a la luz y la gloria de su reino. Sencillamente pasa de muerte a vida, ¡se convierte en su hijo!

Si quiere recibir la salvación a través de Jesucristo, ore estas palabras:

> *Dios del cielo, reconozco que soy pecador y que no alcanzo tu estándar de justicia. Merezco ser juzgado eternamente por mi pecado. Gracias por no dejarme en este estado, porque creo que enviaste a Jesucristo, tu Hijo unigénito, que nació de la virgen María, para morir por mí y llevar mi juicio en la cruz. Creo que resucitó al tercer día y que ahora está sentado a tu diestra como mi Señor y Salvador. Así que, en este día, me arrepiento*

de mi independencia de ti y entrego mi vida por completo al señorío de Jesús.

Jesús, te confieso como mi Señor y Salvador. Ven a mi vida mediante tu Espíritu y conviérteme en un hijo de Dios. Renuncio a las cosas de las tinieblas a la que antes me aferraba, y a partir de este día no viviré más para mí mismo, sino que por tu gracia viviré para ti, que te entregaste por mí a fin de que viviera para siempre.

Gracias, Señor; mi vida ahora está completamente en tus manos, y según tu Palabra, nunca seré avergonzado. En el nombre de Jesús, amén.

¡Bienvenido a la familia de Dios! Le animo a compartir su emocionante noticia con otro creyente. También es importante que se una a una iglesia local que crea en la Biblia y que conecte con otras personas que puedan animarle en su nueva fe. Acaba de embarcarse en el viaje más apasionante. ¡Deseo que crezca en revelación, gracia y amistad con Dios cada día!

RECONOCIMIENTOS

El libro que tiene en sus manos es un esfuerzo de equipo, así que quiero reconocer a algunos de los compañeros de trabajo que contribuyeron a ello:

Bruce Nygren: Gracias por tu experiencia con la edición del contenido. De nuevo, has tomado mi escrito y, sin perder mi voz, has conseguido que se lea mucho mejor. Y gracias por las preguntas desafiantes que me hiciste, que al final hicieron que el libro fuera más preciso y más fuerte.

Cory Emberson, Laura Willbur y Loran Johnson: Gracias por asegurar que la gramática, la puntuación y el estilo de este mensaje fueran precisos y coherentes. Admiro su don.

Chris Pace: Gracias por tu ánimo inagotable al leer este manuscrito según iba progresando capítulo a capítulo. Gracias también por ayudarme a dar forma al capítulo 14. Tu aportación fue incalculable.

Addison Bevere: Gracias por tus habilidades de edición y tus preguntas desafiantes, que hicieron que el mensaje tuviera una lectura mejor y más precisa. Por encima de todo, gracias por ser un hijo fiel y alentador.

Allan Nygren: Gracias por tu brillante diseño de la tipografía de este libro y de la portada. ¡Admiro tu don!

Al equipo de Messenger International: Cada uno de ustedes hace mucho entre bambalinas para edificar el reino de Dios. Me gozaré con ustedes el día que seamos testigos de cómo Jesús recompensa grandemente su servicio desinteresado.

Santo Espíritu de Dios: ¡Mi mayor agradecimiento es para ti! Este mensaje nunca hubiera sido posible sin tu guía y sabiduría. Estoy extremadamente agradecido por tu continua revelación de mi Señor y el mayor de mis amores, Jesucristo. Te amo profundamente, y es un honor servirte y hacer equipo contigo.

ACERCA DEL AUTOR

John Bevere y su esposa Lisa son los fundadores de Messenger International. Ministro y autor de éxitos de ventas, Bevere predica mensajes de indiscutible verdad con audacia y pasión. Su deseo es apoyar a la iglesia local, y brindar recursos a los líderes, sin tener en cuenta la localización, el idioma o la posición financiera. Sus recursos se han traducido a más de 90 idiomas, y se han regalado millones de copias a pastores y líderes alrededor el mundo. John Bevere dedica su tiempo libre a su esposa, sus cuatro hijos y sus nietos.

www.ingramcontent.com/pod-product-compliance
Lightning Source LLC
LaVergne TN
LVHW051404080426
835508LV00022B/2962